MECHANICAL ILLUSTRATIONS

BSSイラストレーションシリーズは、現在活躍中のイラストレーターの代表作及び最新作を集めた、イラストレーション画集です。この本のタイトルは、メカニカルイラストレーションとなっています。

メカニカルとは、文字通り、機械的な対象物を精巧、緻密に描写したものです。この種のイラストレーションは、自動車、オートバイ、カメラ、オーディオ製品など、機械的能力が商品価値に直接結びつく物には必要不可欠なイラストレーションです。信じられないような正確な描写力とともに、商品としての魅力を充分に見せるように、美術的な感覚も優れていなければなりません。この本に掲載されているイラストレーターの方々は、いずれも、それらの条件を充分に満たしている方ばかりです。見ているうちに、電気が通じ、リズミカルな音とともにエンジンが始動し、半導体が働き、完璧なサウンドが流れ出すのではないかと錯覚するようなイラストレーションの数々をご覧ください。

The BSS Illustration Series is a collection of representative and recent works of various illustrators active today.

The title of this volume is Mechanical Illustrations, "mechanical" illustrations being those used to describe the function, construction, and workings of machines. Such illustrations are indispensible for the production of anything whose value as a commodity is directly related to its mechanical capacity. Though their primary function is that of precisely illustrating mechanical detail, they must also convey, artistically, a machine's appeal as a commercial product. Thus, the illustrations collected in this volume possess the power not only to accurately depict an engine's operation or a semiconductor's ability to transmit images, but also to suggest the smooth purr of the engine and the perfection of the images received.

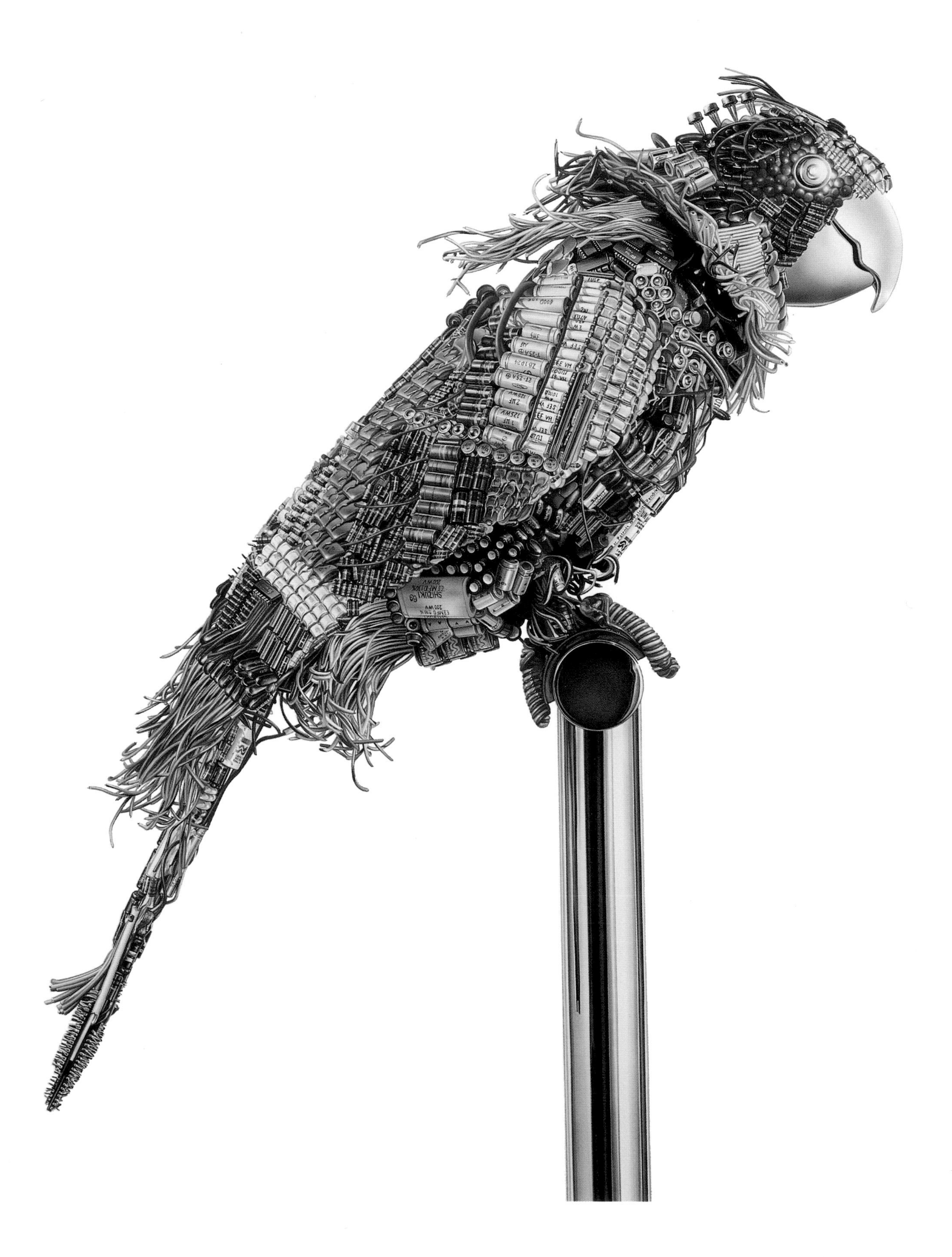

MAZDA 767
mazda
DUNLOP
E
Y.KATAYAMA
Y.TERADA
T.YORINO
PUSH
OPEN
LOGIN
201
NGK
DUNLOP
RAYS
PLAYSURE
CLUB
mazda

mazda
MAZDASPEED
mazda
DUNLOP

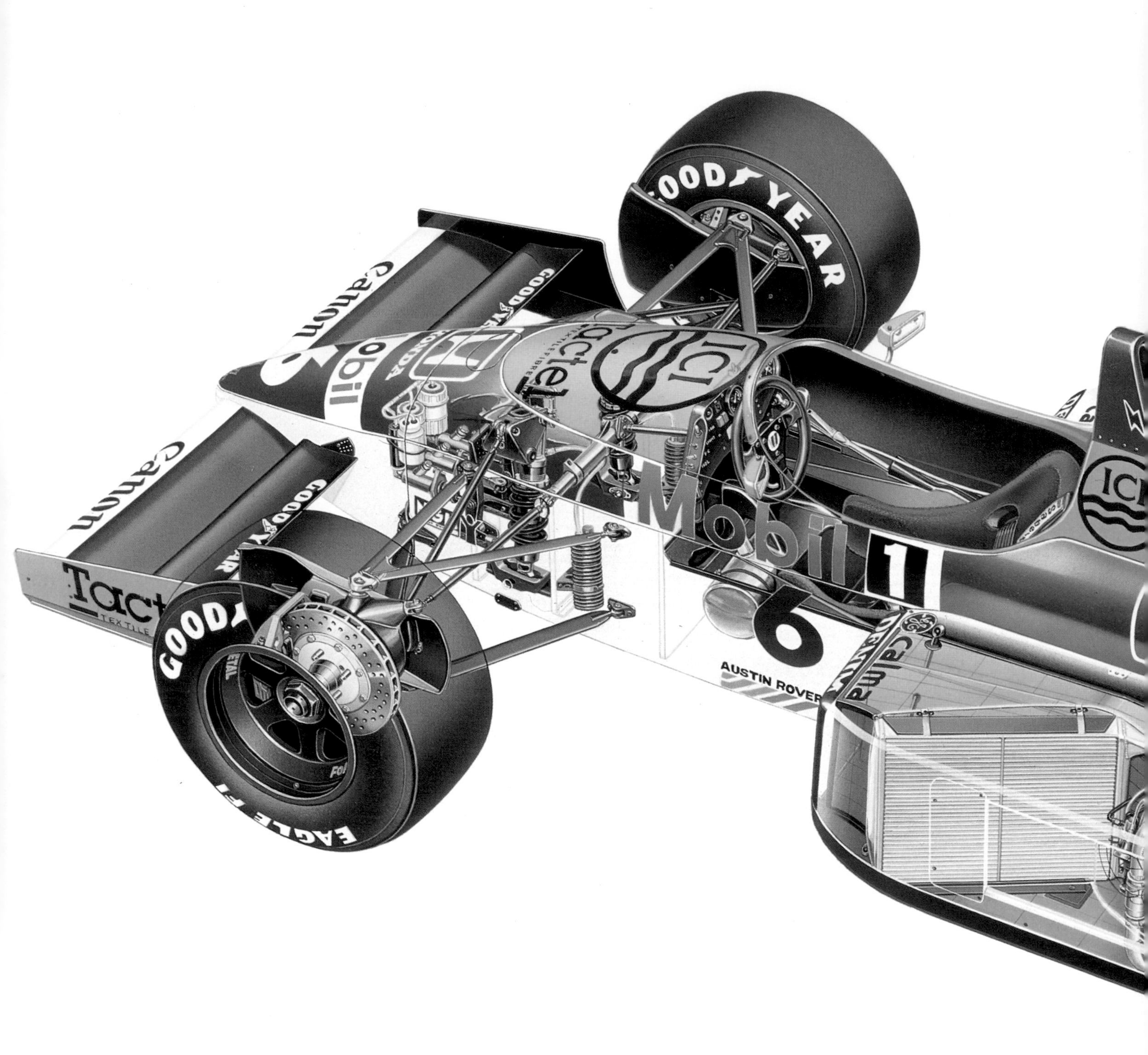
GOODYEAR
Canon
Mobil
ICI
1
6
AUSTIN ROVER
EAGLE F1

POWERED by
GOOD YEAR
HONDA
GOOD
FONDMETAL
FONDMETAL
EAGLE

4

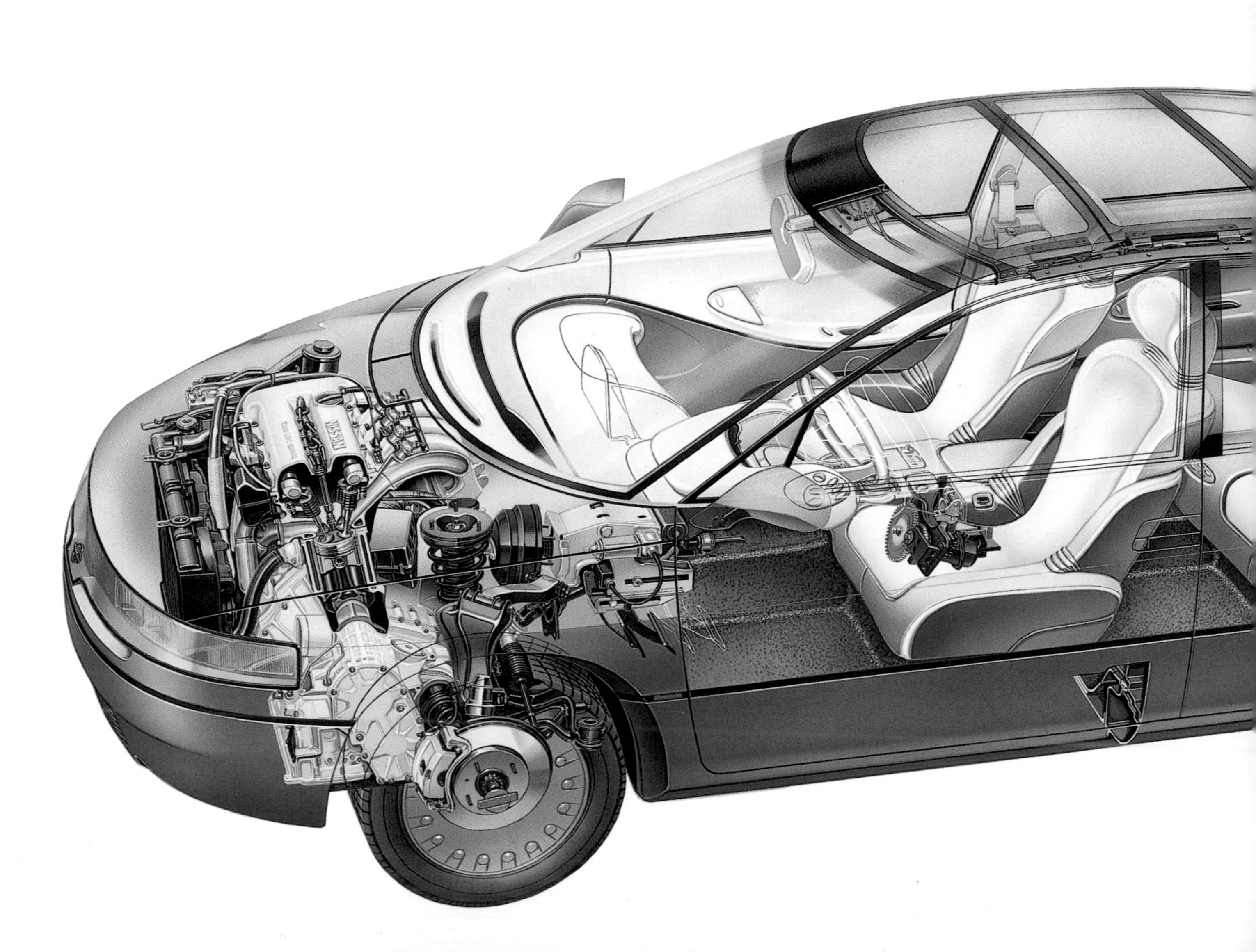

MX-04
MX-04
MX-04

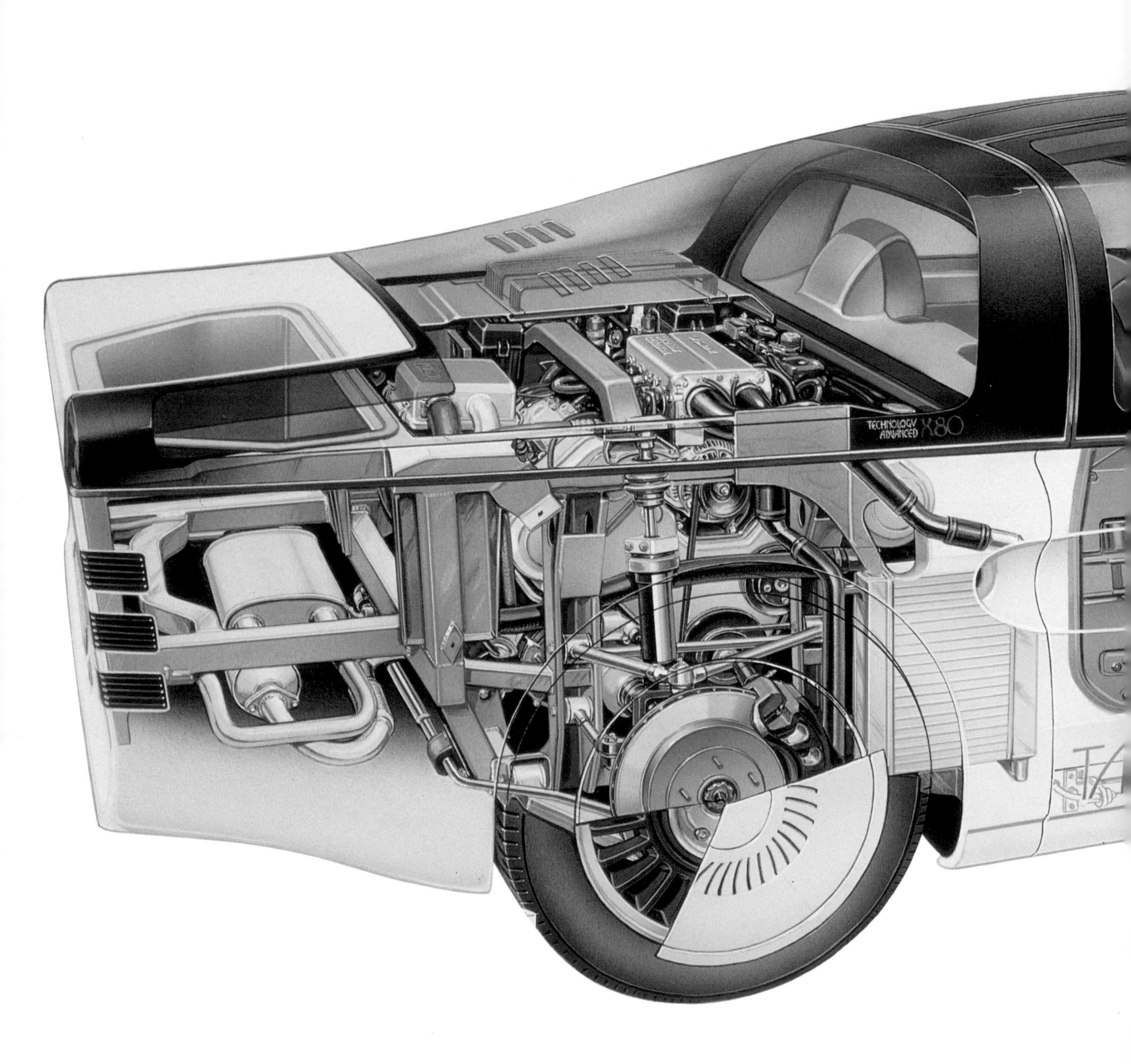

TECHNOLOGY ADVANCED X80

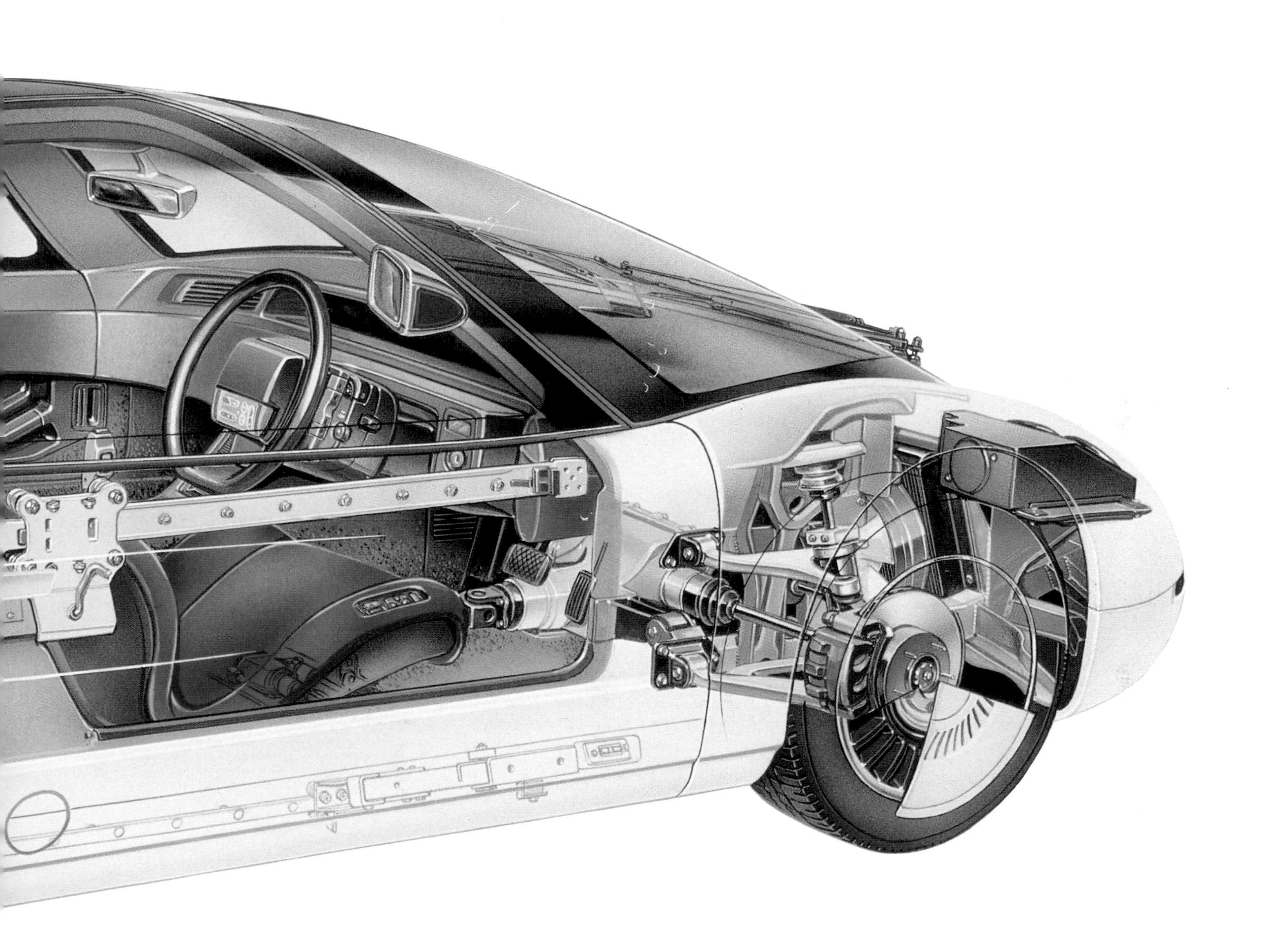

Agip
MOTOR OIL
Sebring
Agip
MOTOR OIL
PIAA
Agip
G.LEES
SPEED BOX
PIAA
DUNLOP
KÖFLACH

YAMAHA
Agip
Agip
MOTOR OIL
ELLIPSE GUIDE

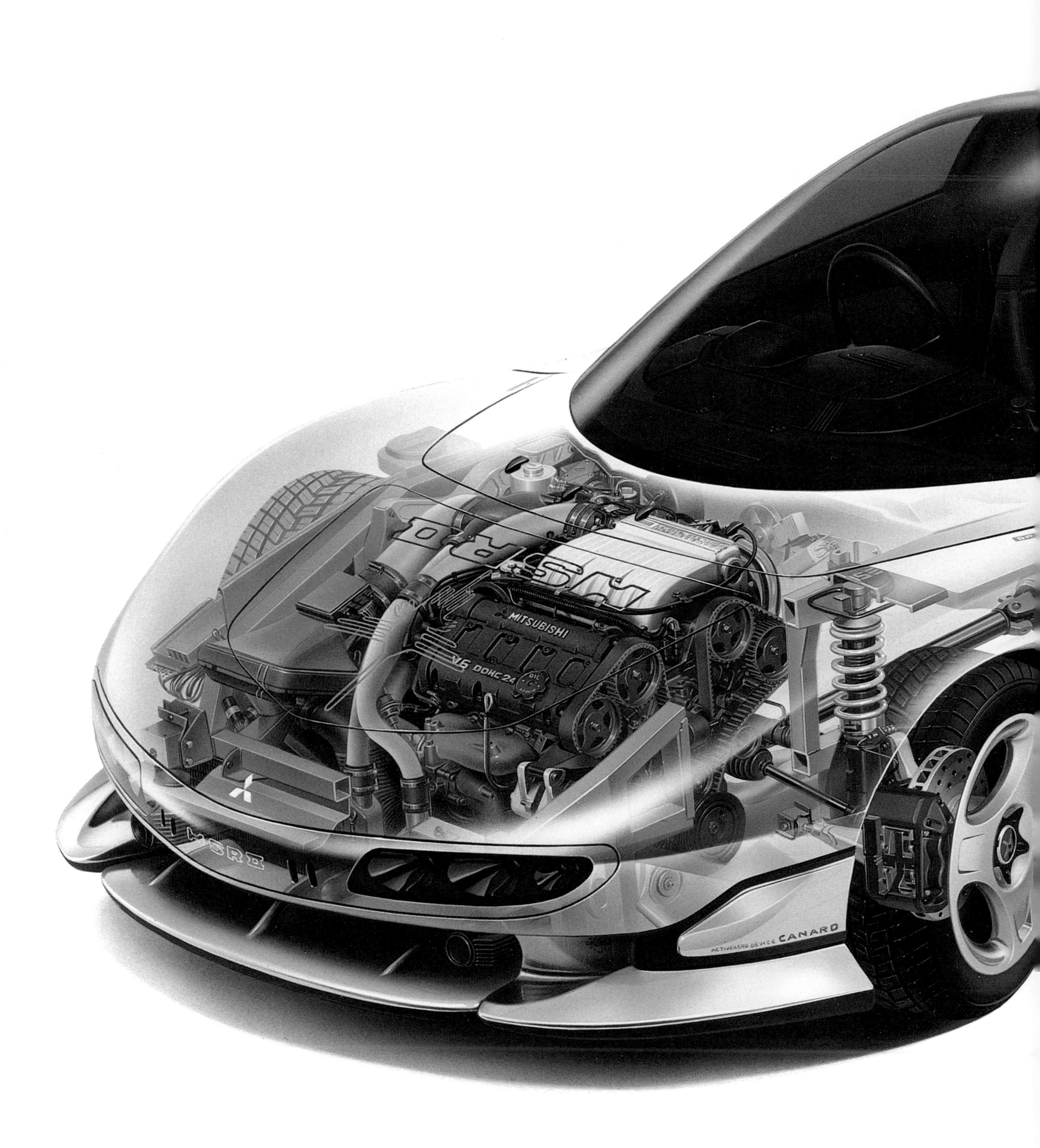
MITSUBISHI
V6 DOHC 24
HSR II
ACTIVE AERO DEVICE CANARD

6G72
ACTIVE FOOTWORK SYSTEM

DATSUN

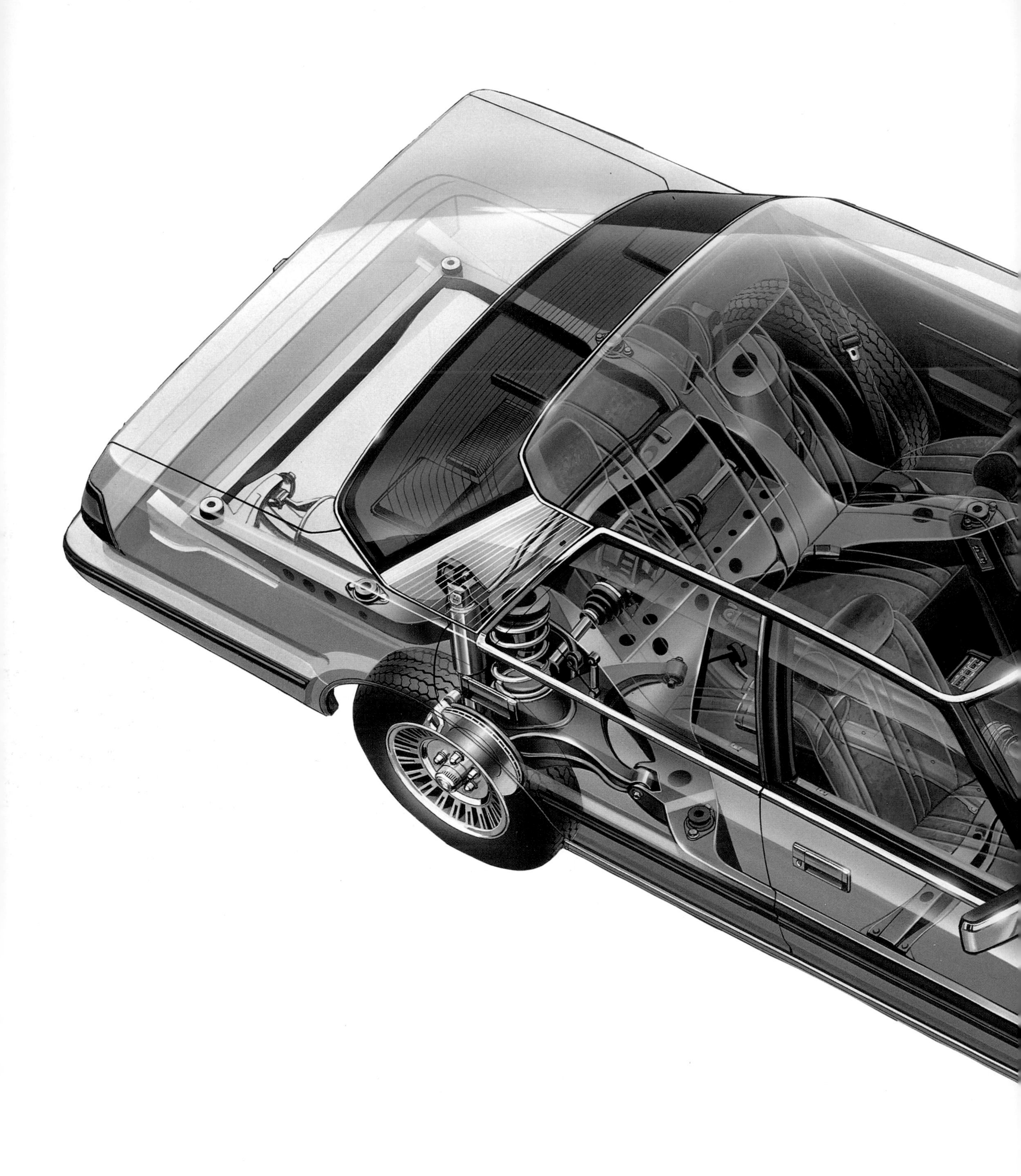

DOHC
TOYOTA

FOUR WHEEL DRIVE

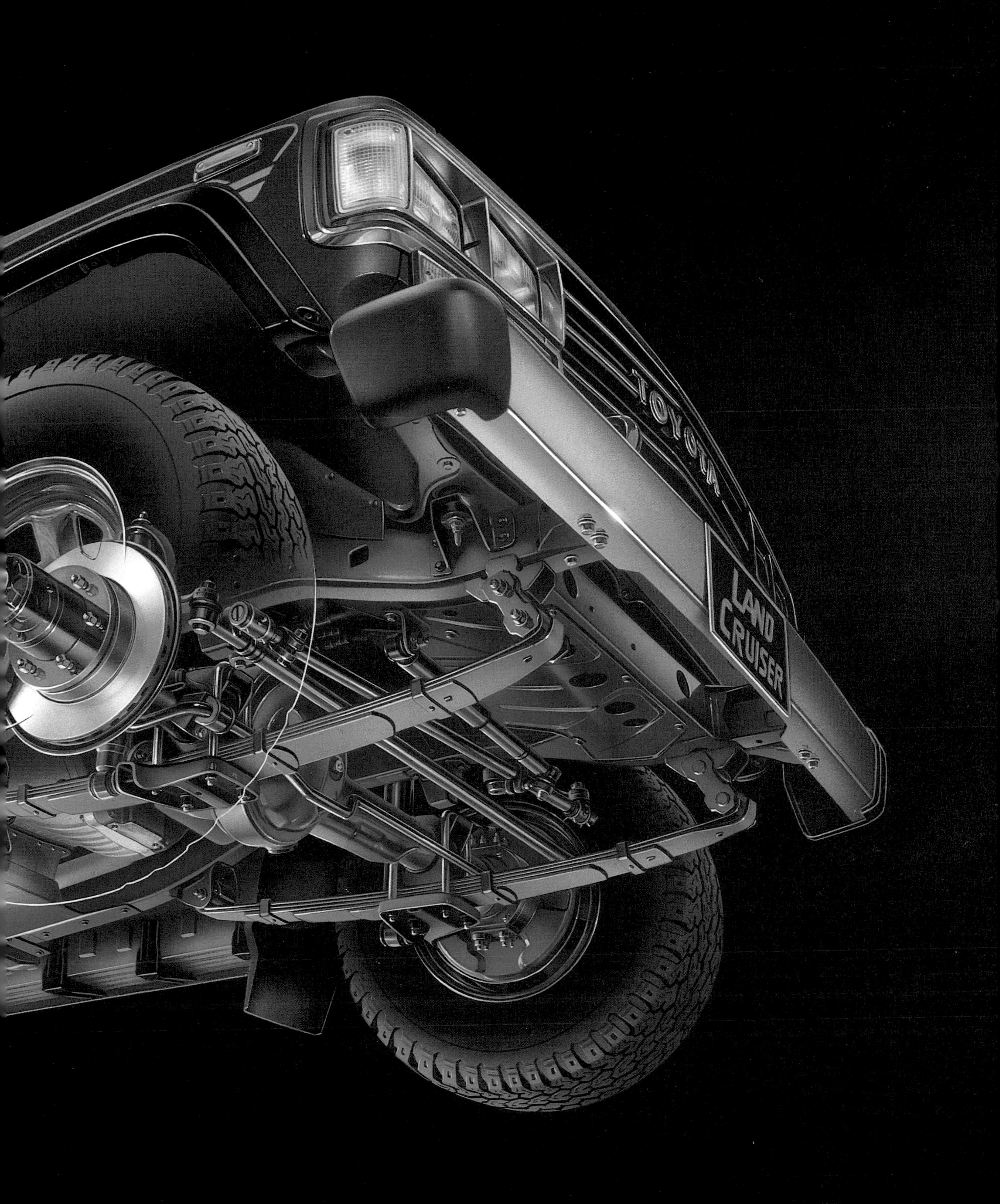
TOYOTA
LAND
CRUISER

mazda
ROTARY TURBO
mazda

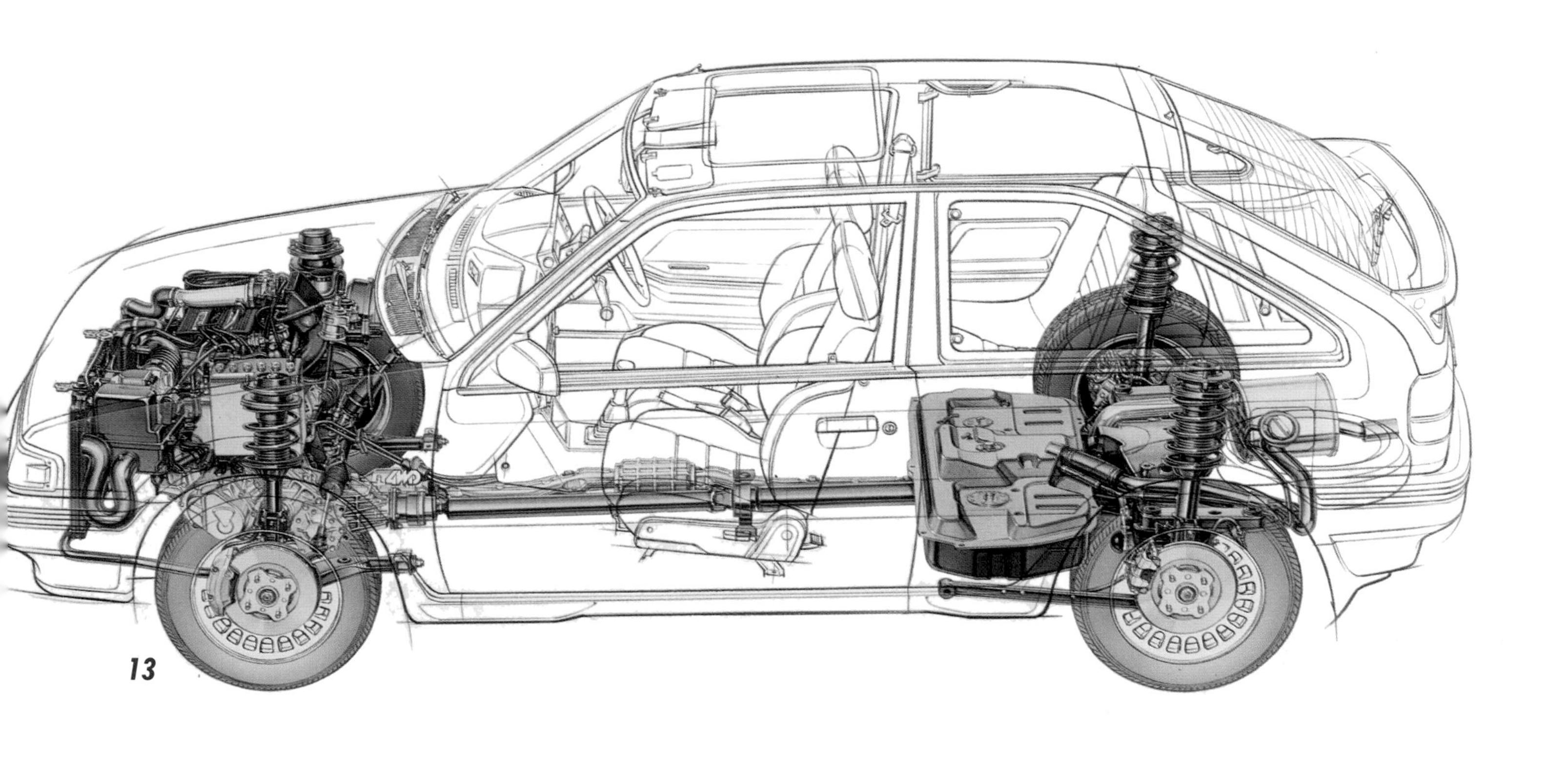

13

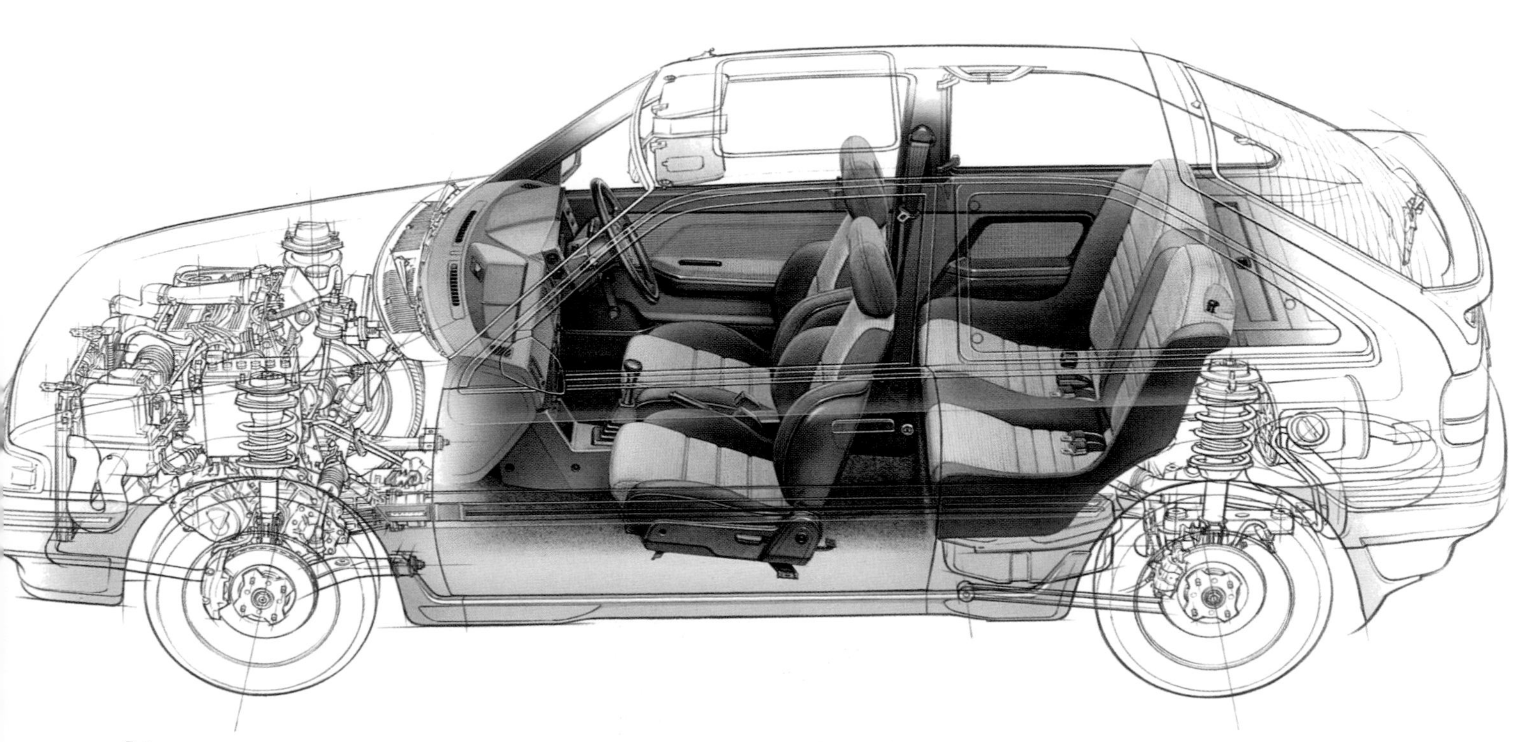

14

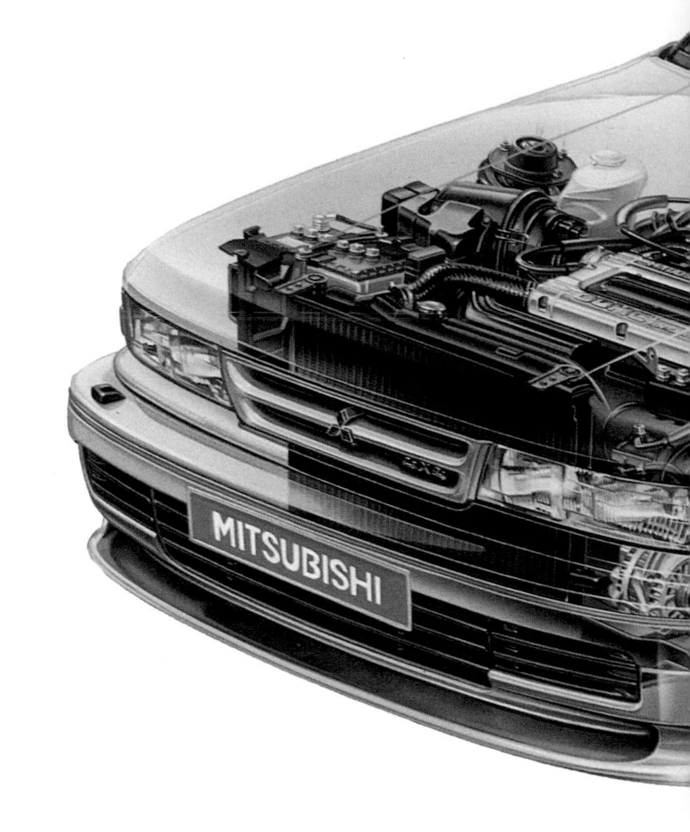

15

LANCER
GSR
MICHELIN XZX

18

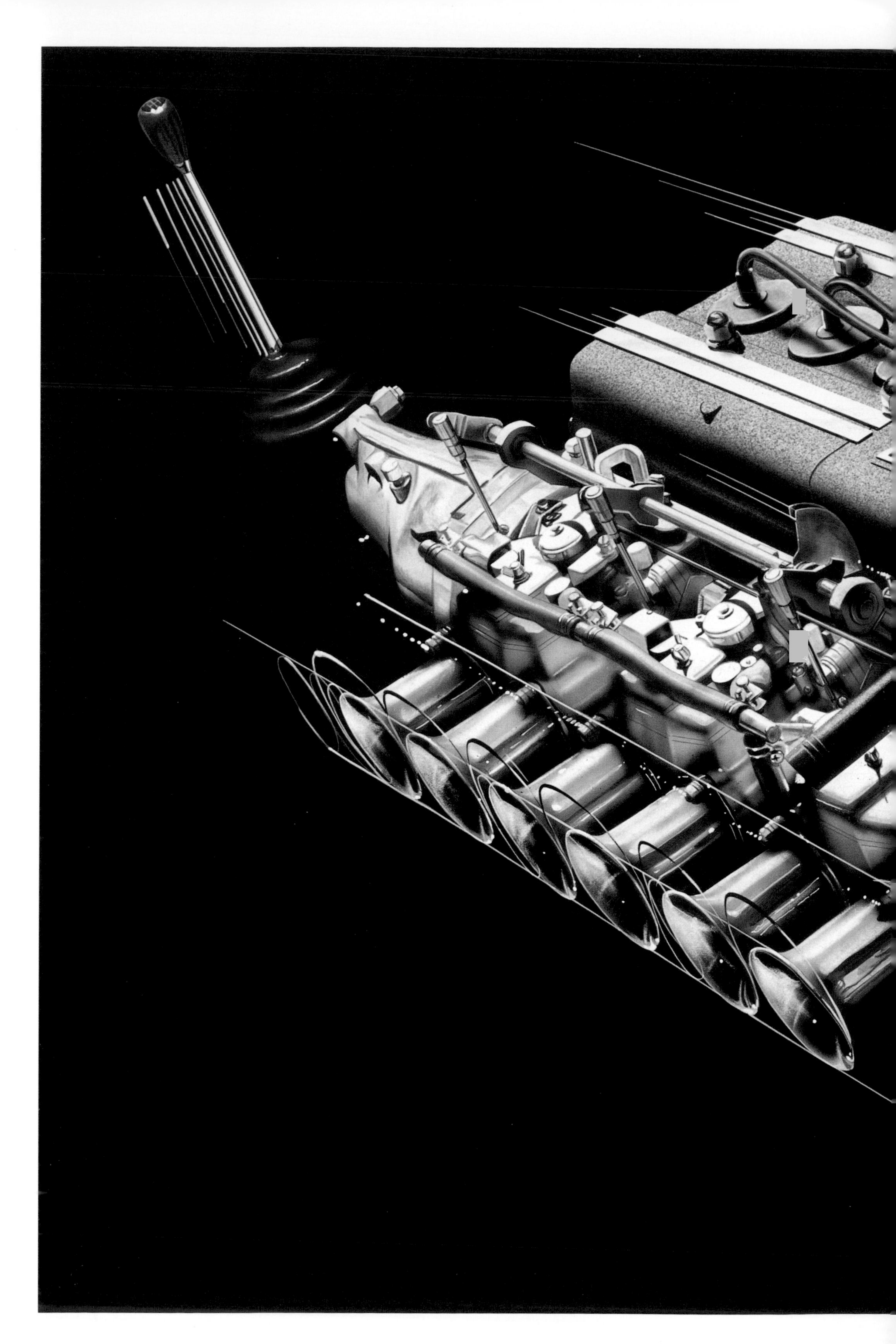

NISSAN
NISSAN

24 VALVE
TOYOTA
V6 FOUR CAM

EFI
TURBO
OIL

16 VALVE

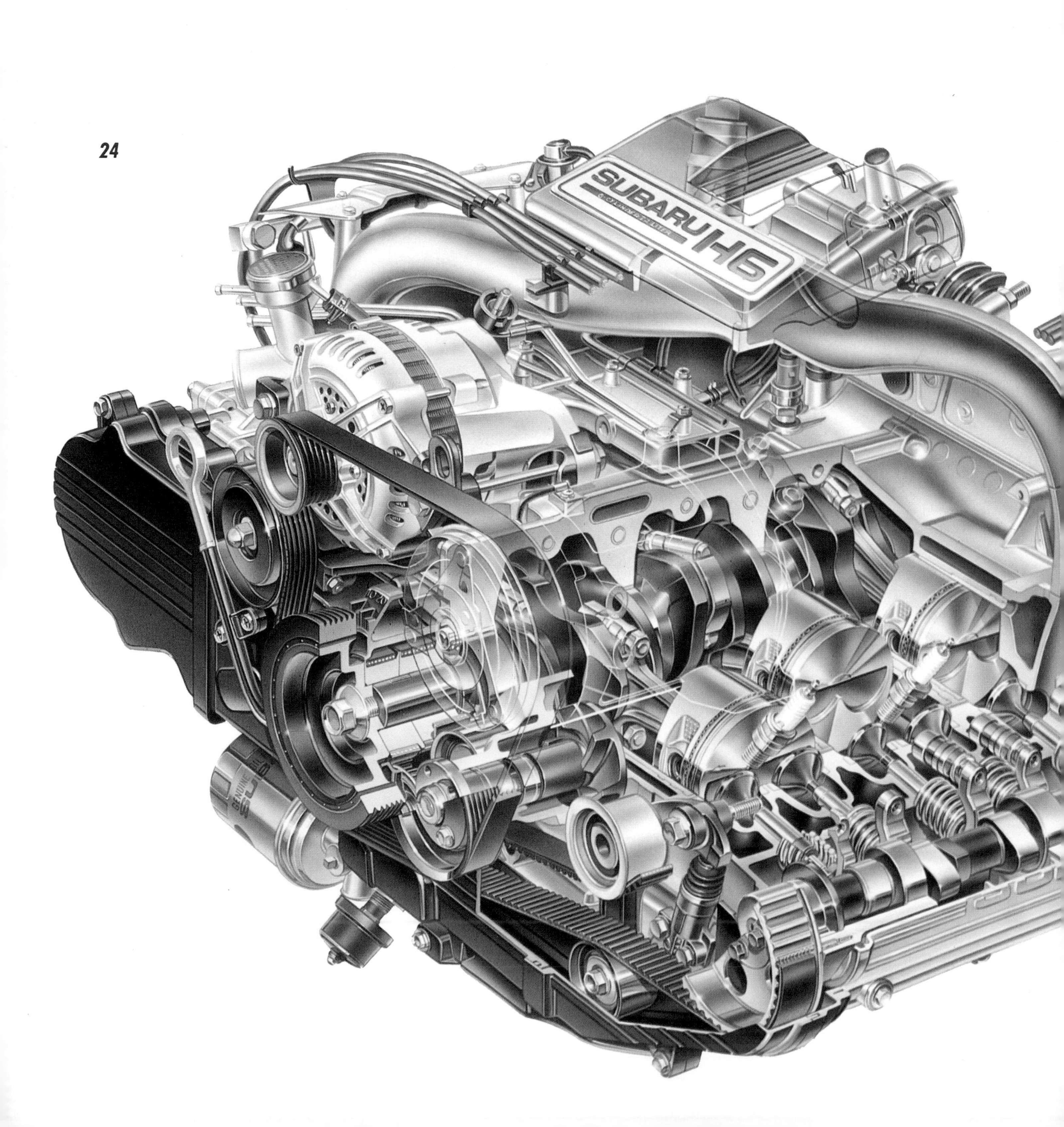
SUBARU H6

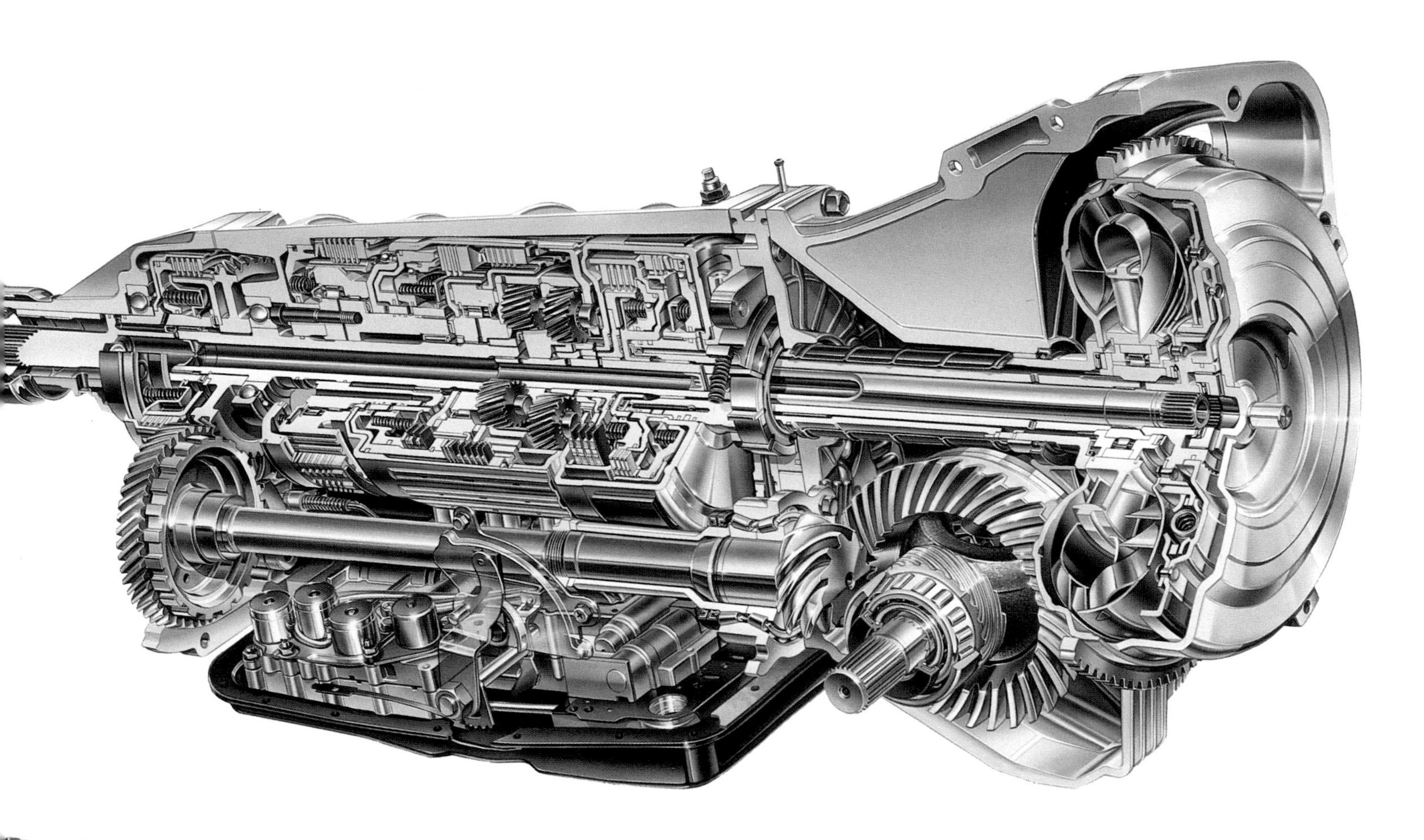

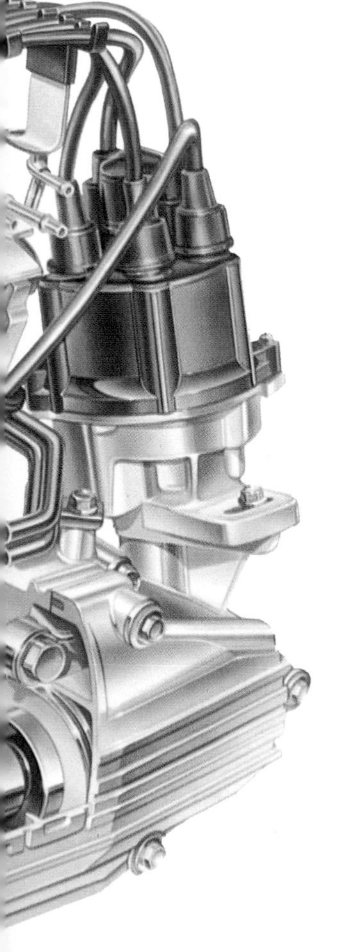

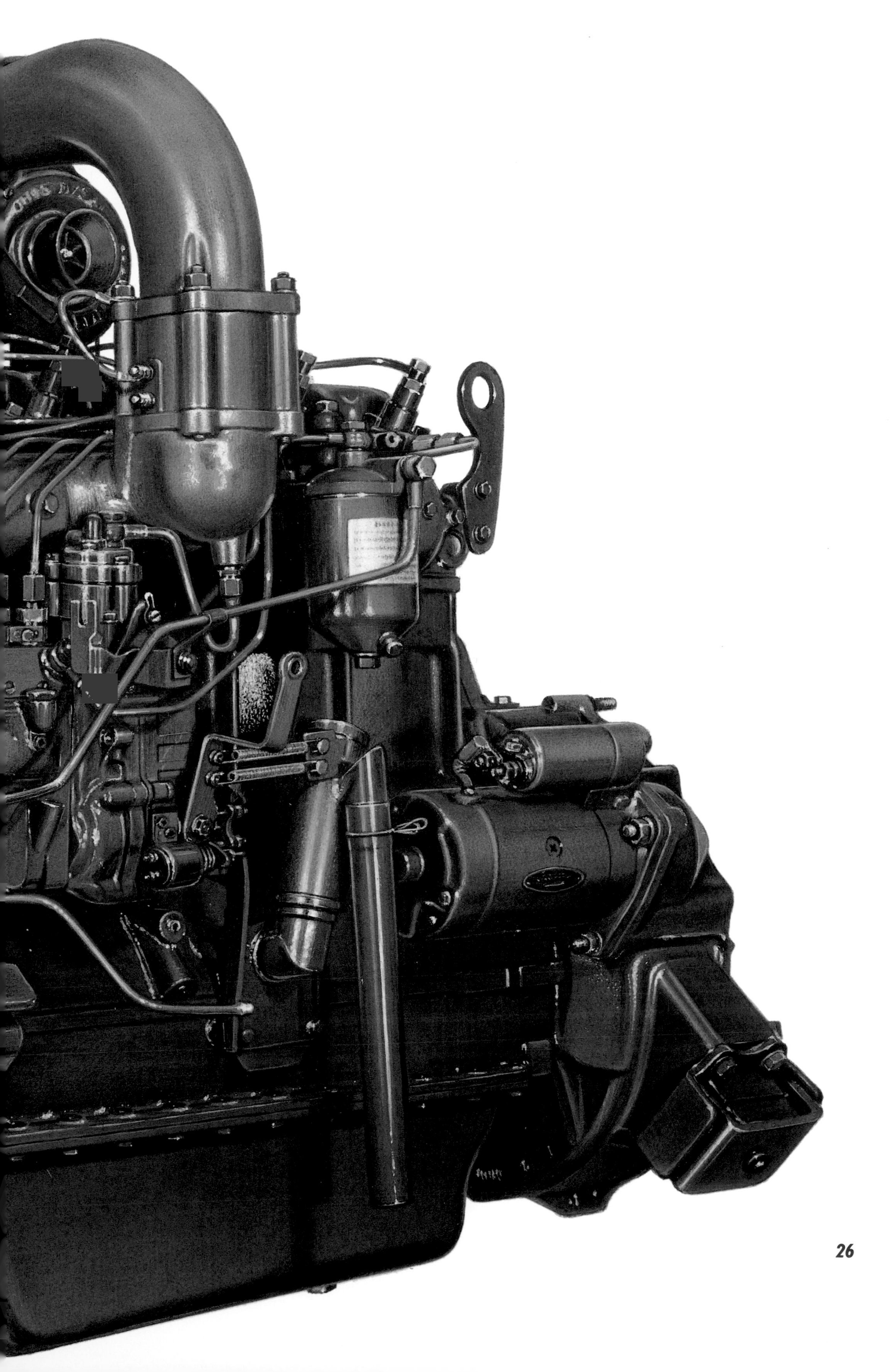

28

29

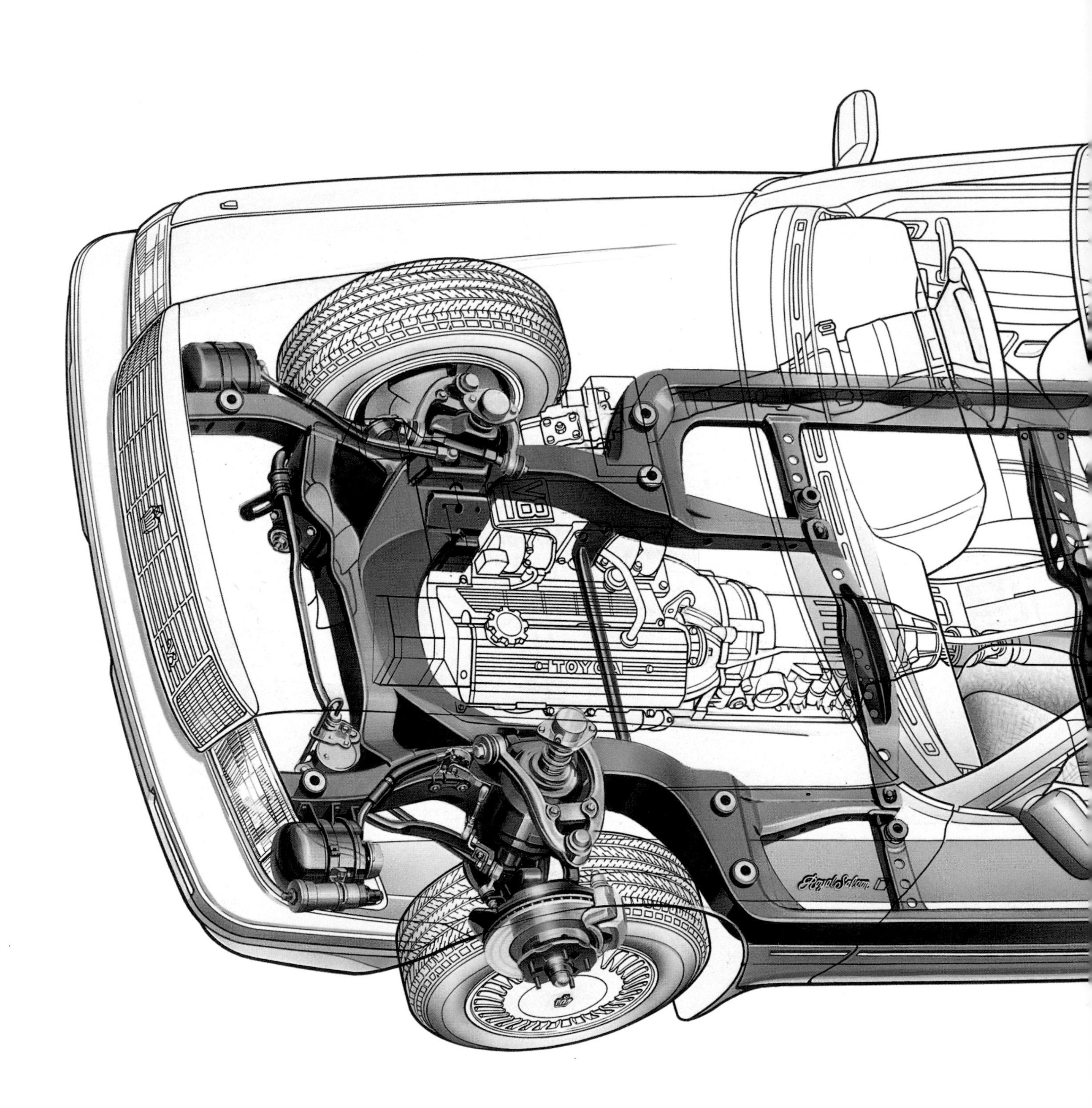
V8
Royal Saloon

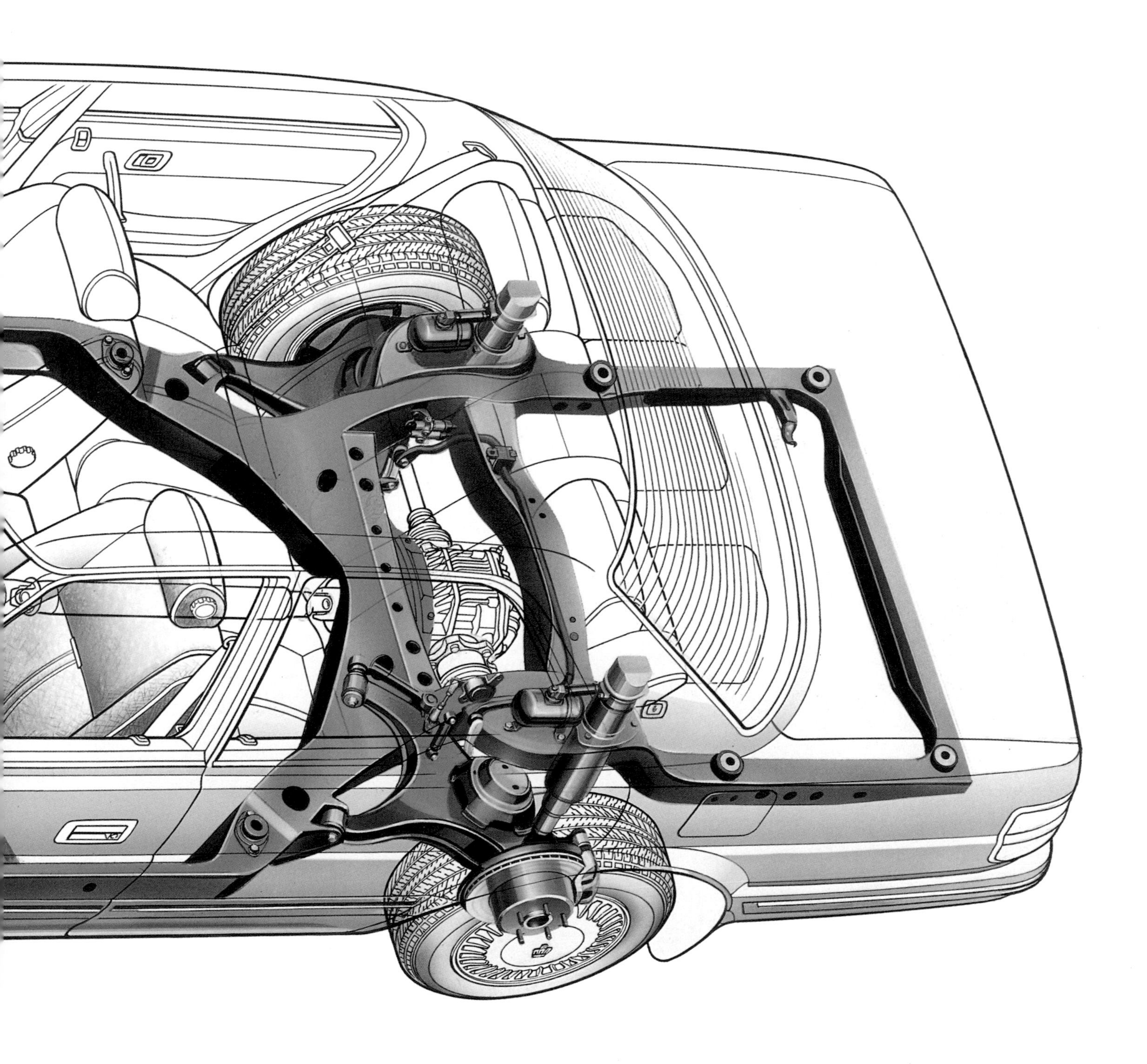

7M-GTE

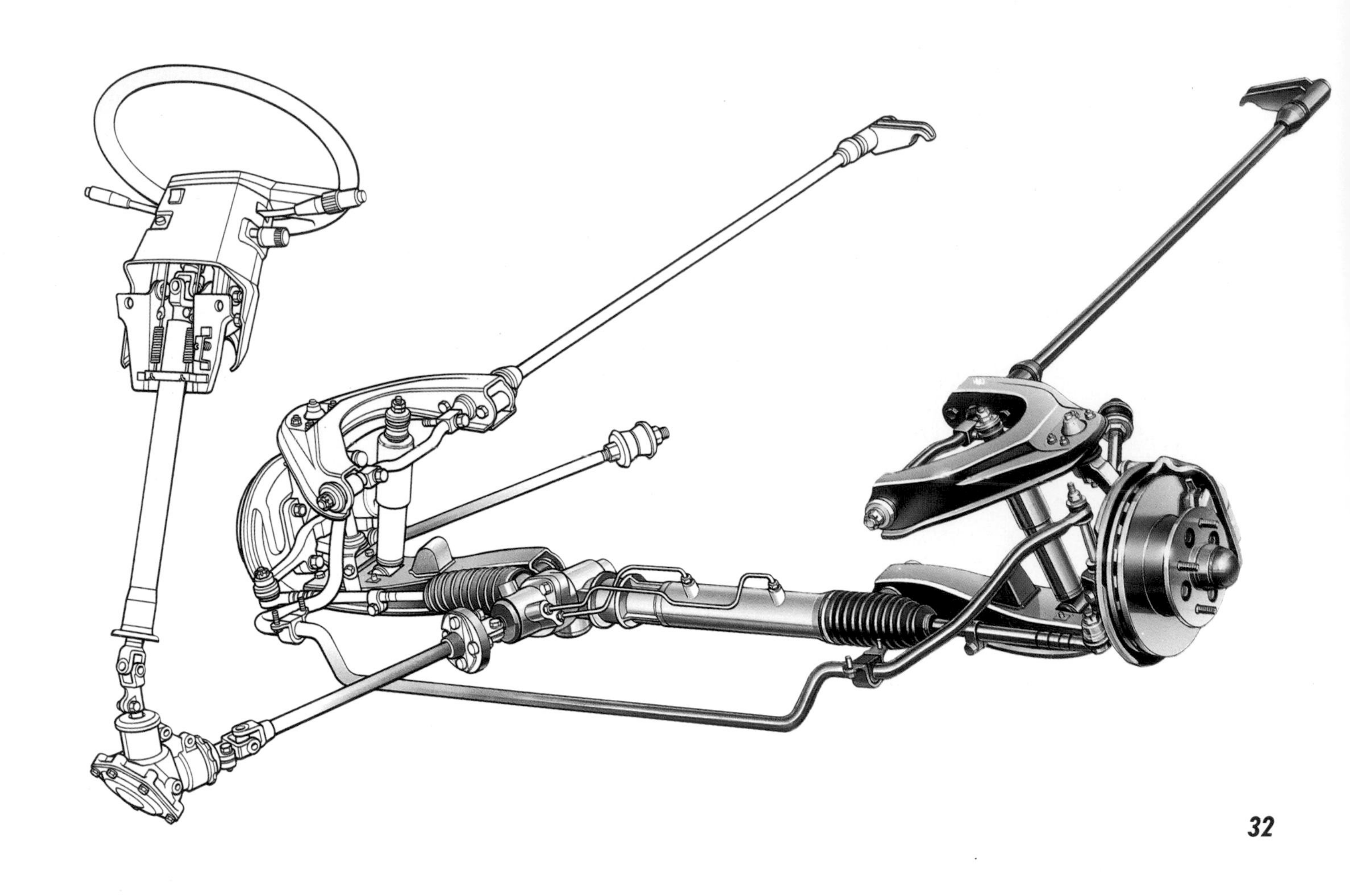

32

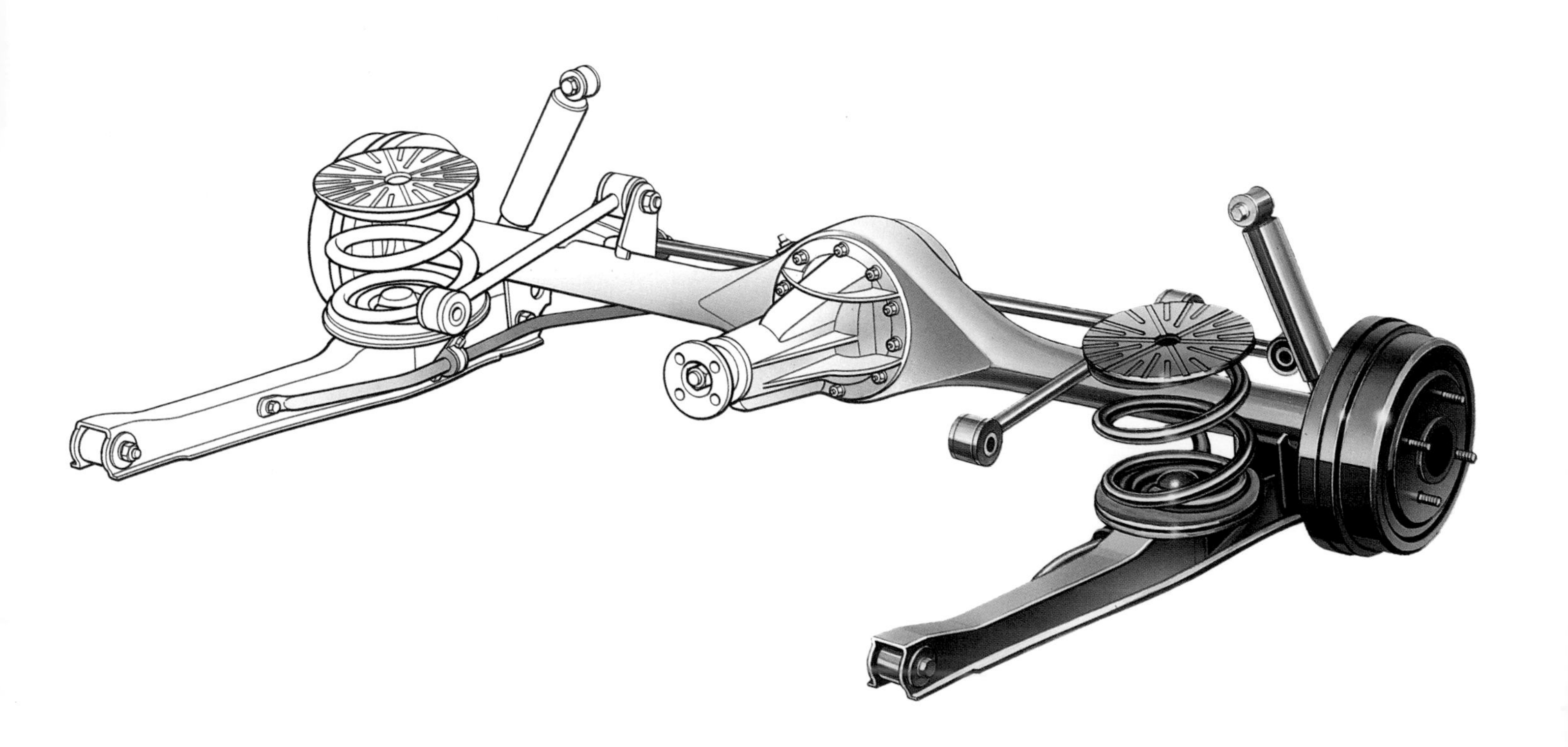

33

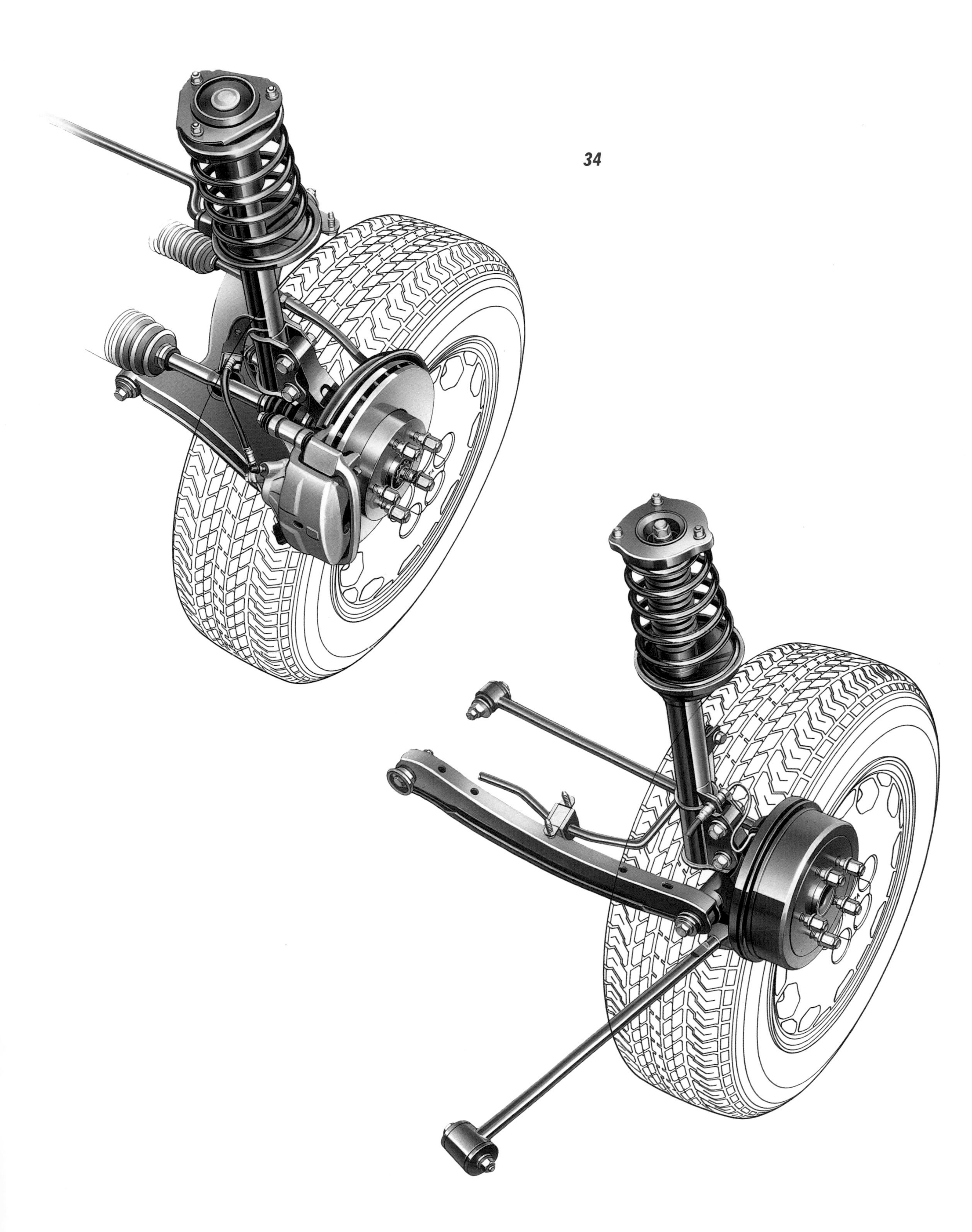

35

zona
BRIDGESTONE

Bongo

TOYOTA

COUR PRIVEE
DONEST STATIONE

W
46
FERRARI
86

K GABLE
DIRECTOR

44

45

46

47

BUGATTI
CITTA' DI TORINO
134
854 HG 06

Alfa Romeo
OSAKA
SP-29

Alfa Romeo
KOBE 53
AR-9732
ROMEO CLUB 1930

HARLEY-DAVIDSON

HONDA

HONDA
VFR750R

HONDA
HONDA

SUZUKI
SUZUKI
4WD
Quad runner

YAMAHA
YAMAHA
350
Big Bear
YAMAHA

1
HONDA
HONDA
ASC
HONDA

58

Marlboro
Castrol
3
MICHELIN
Marlboro

59

60

61

DUCATI
DESMO
750 Super Sport
DUCATI
KIMITO/HI

62

KAWASAKI
KIMITO/HI

63

5
Performance
Kawasaki
Performance
KOOL
DUNLOP
Kawasaki France
VAS

64

BEL-RAY
BEL-RAY
SUZUKI
12
ヨシムラ
SUZUKI
BEL-RAY
KOKUSAN DENKI

65

7601
B&O
7601

X3986
X3986
UNION PACIFIC
3986
3986
UNION PACIFIC
4002

X4002
X4002
4002
UNION
PACIFIC
4002

3707
D&RGW
L·105

ROYAL PRINCESS
ROYAL PRINCESS

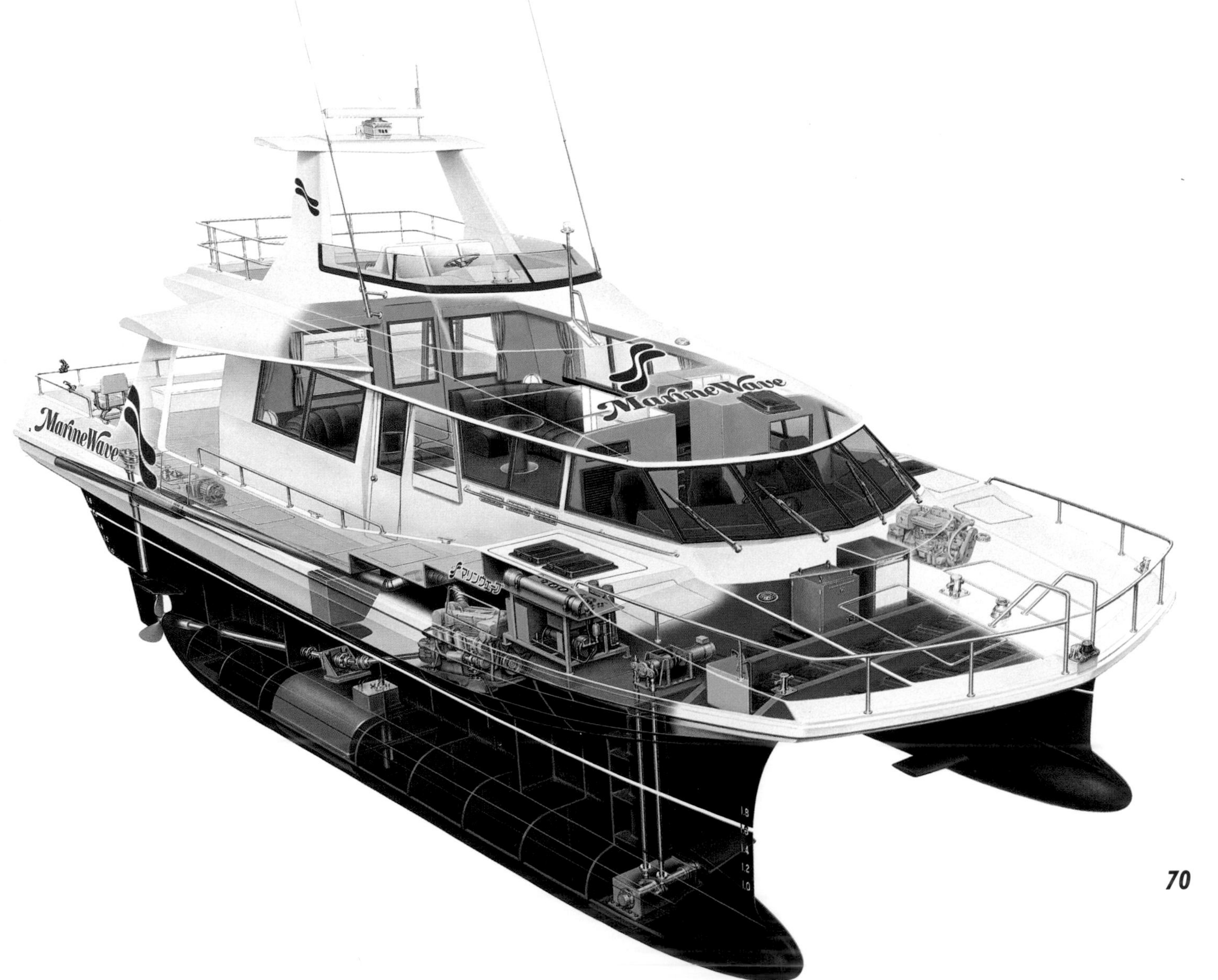
MarineWave
MarineWave

69

71

D-2500
D-2500

Curtiss
R
3731
ROYAL NAVY

73

72

75

76

77

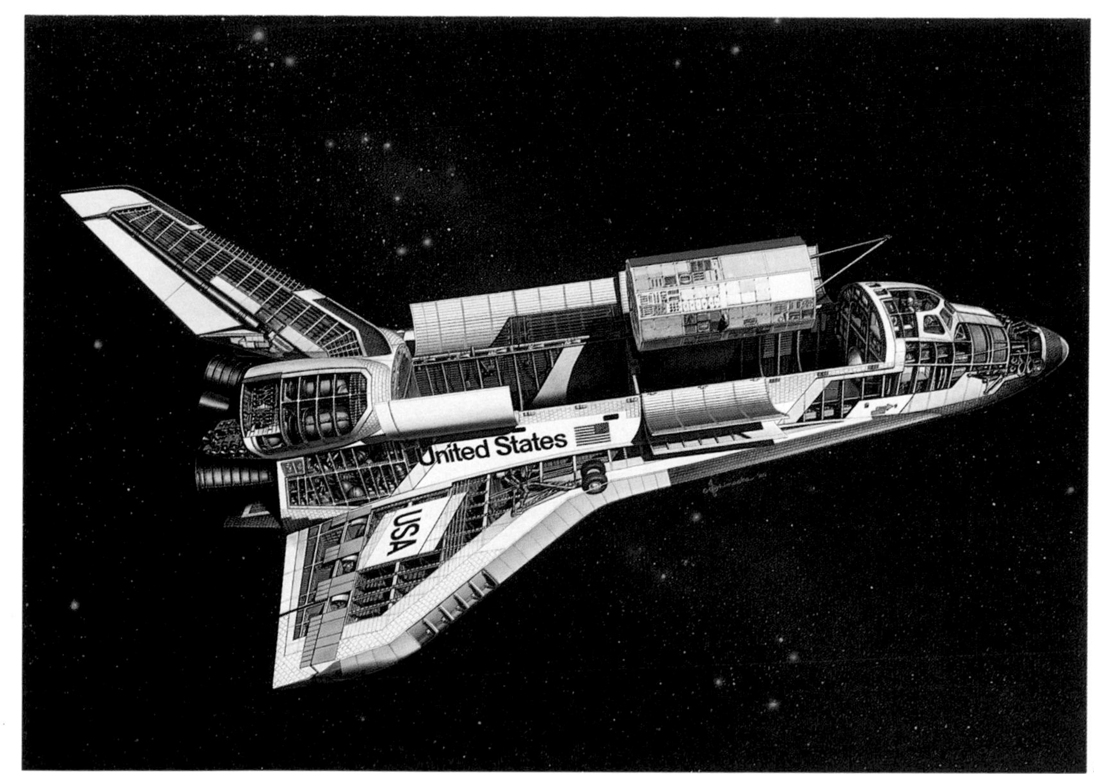

78

79

100
80
60
40

82

83

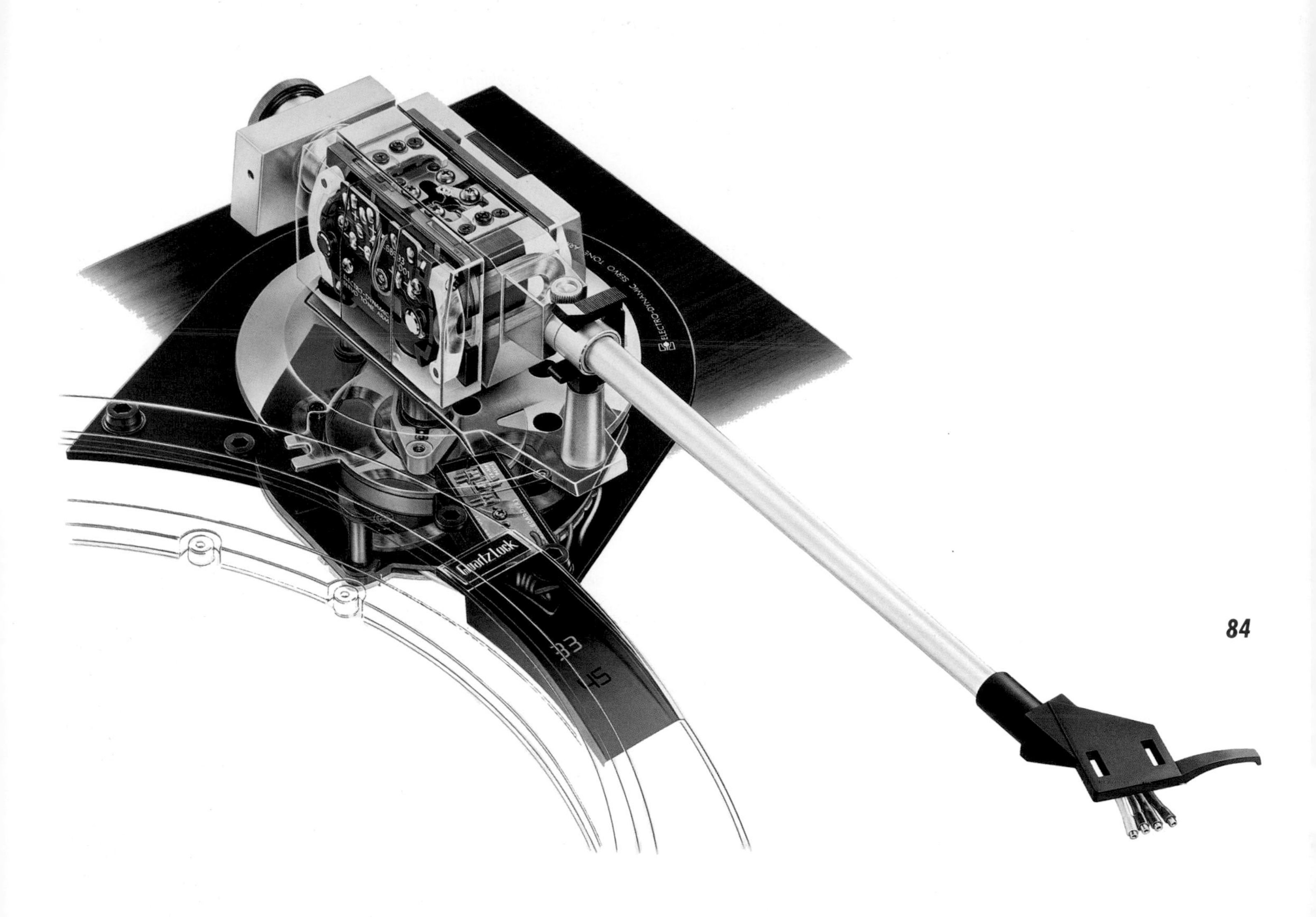
ELECTRO-DYNAMIC SERVO TONE ARM
QuartzLock

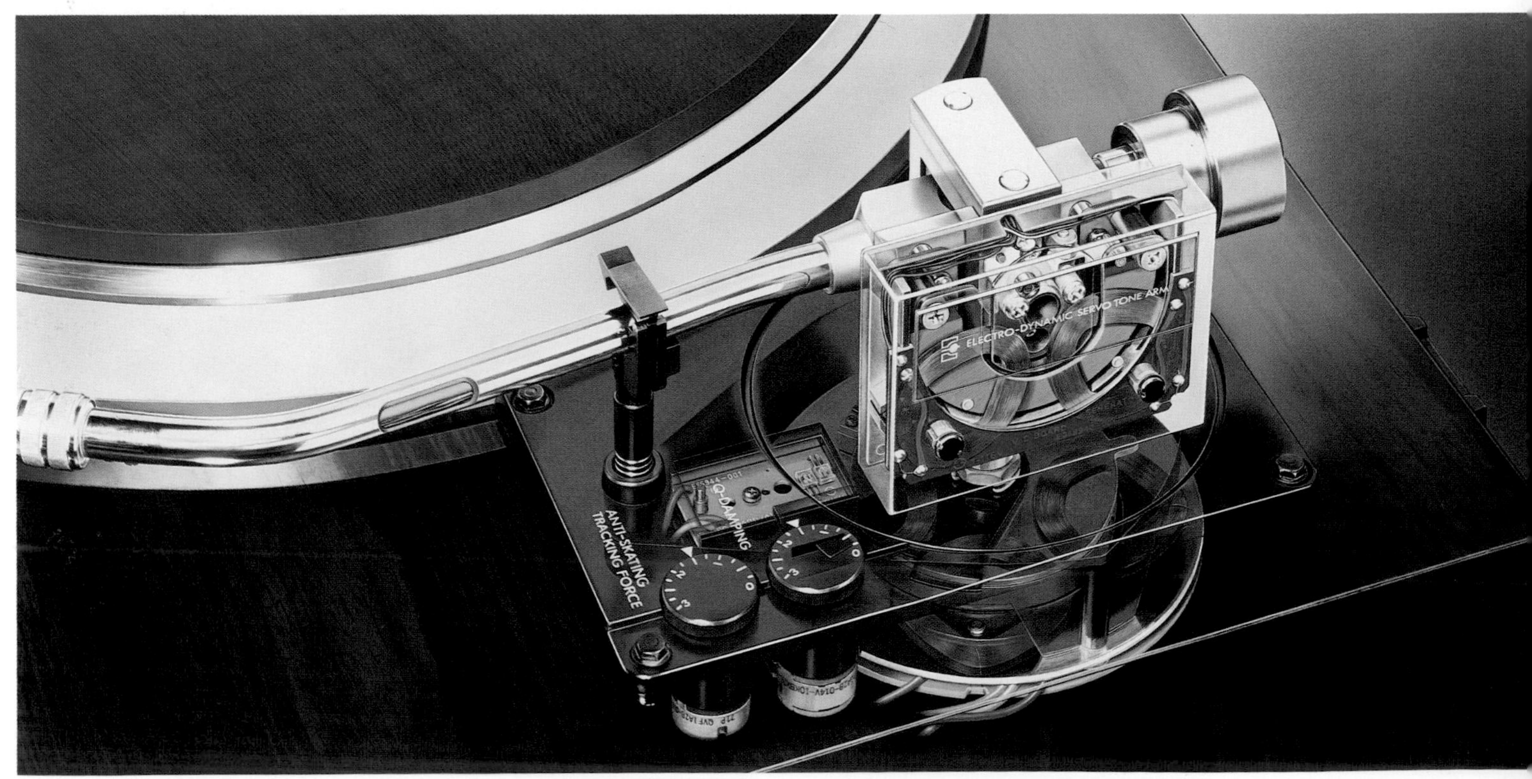
ELECTRO-DYNAMIC SERVO TONE ARM
Q-DAMPING
ANTI-SKATING
TRACKING FORCE

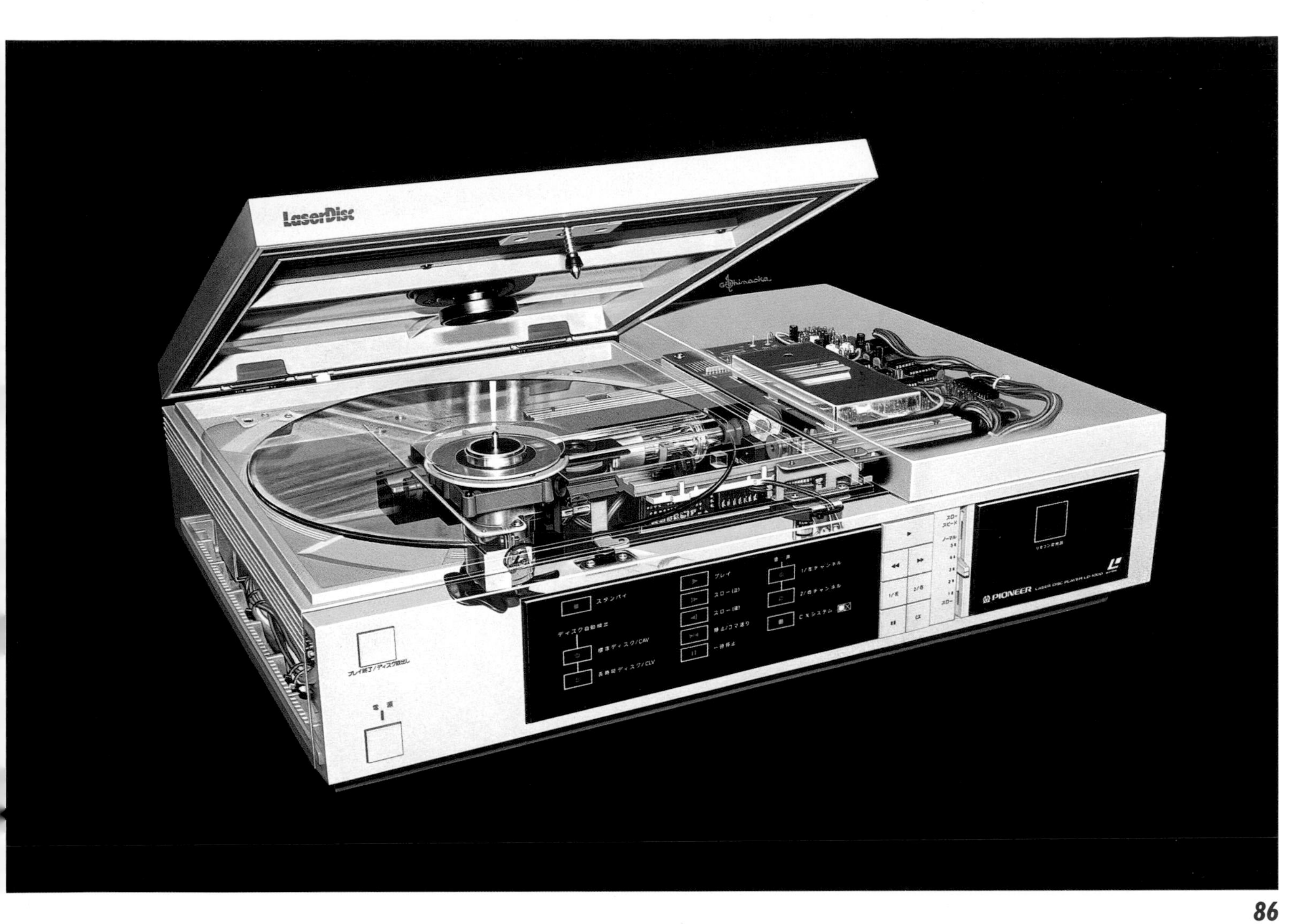
LaserDisc
PIONEER

86

Super-A
Super-A
JVC
8700μF
VOLUME
TAPE MONITOR
AUX
TUNER
PHONO
BALANCE
LEFT
RIGHT
MODE
MONO
STEREO
DUBBING
SOURCE
TAPE
2
1
EQ
SUBSONIC
ON
OFF
PHONO
MC
MM

87

JVC

88

JVC
POWER
COMPACT
disc
DIGITAL AUDIO
XL-V1
COMPACT DISC PLAYER

89

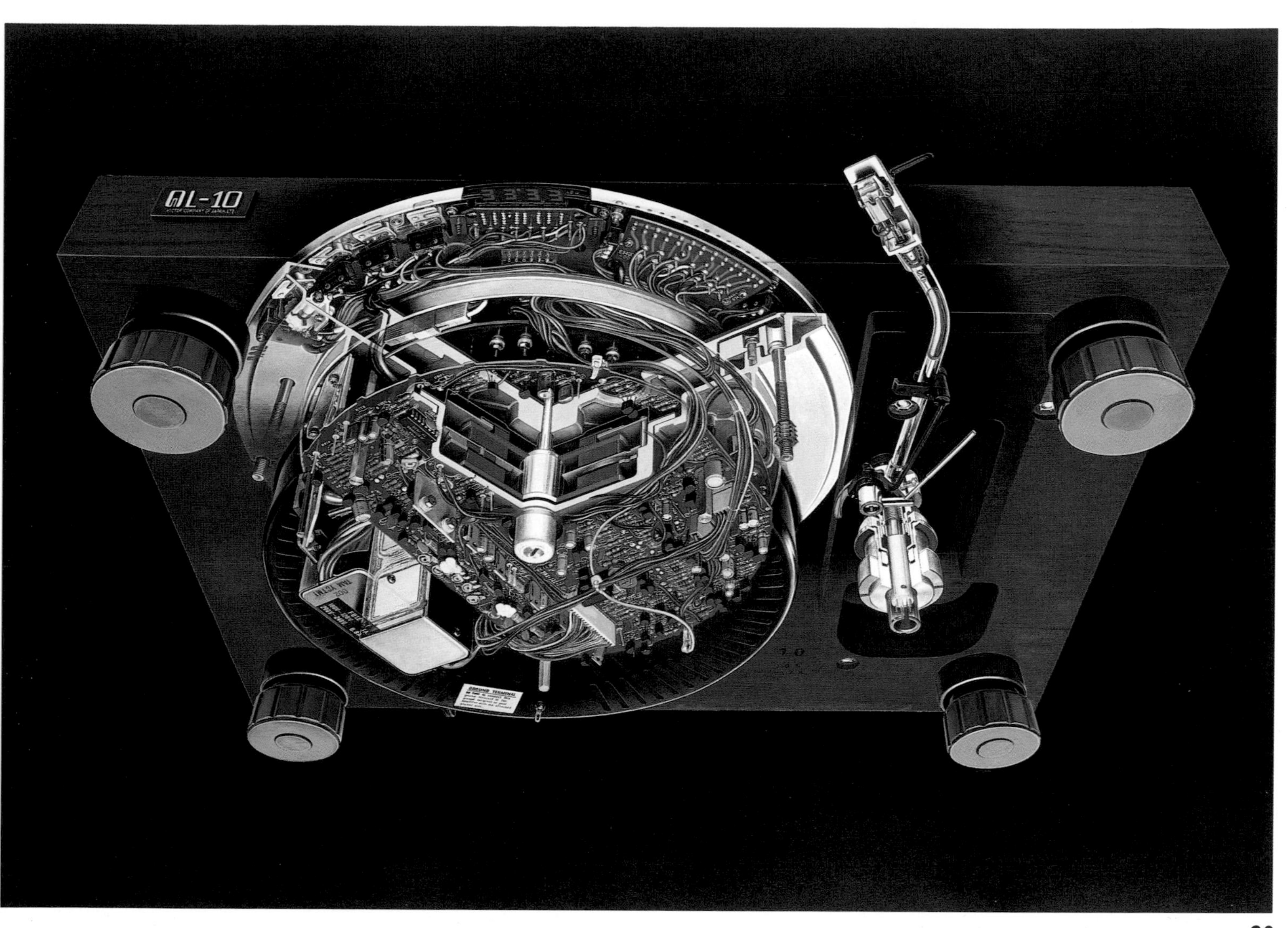
AL-10

90

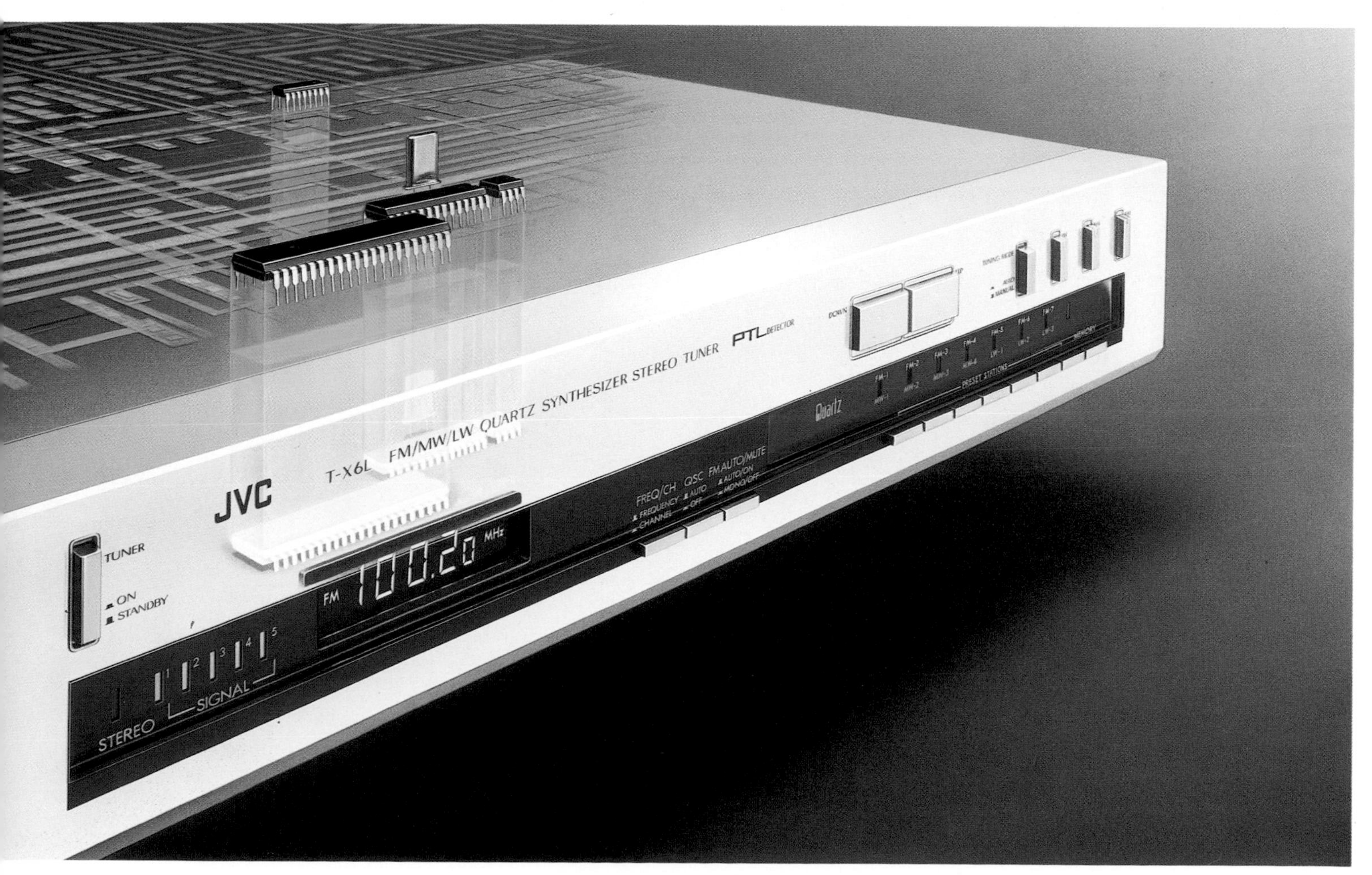
JVC
T-X6L FM/MW/LW QUARTZ SYNTHESIZER STEREO TUNER
PTL DETECTOR
TUNER
ON
STANDBY
FM
100.20 MHz
FREQ/CH
QSC
FM AUTO/MUTE
FREQUENCY
CHANNEL
AUTO
OFF
AUTO/ON
MONO/OFF
Quartz
DOWN
PRESET STATIONS
STEREO
SIGNAL
1
2
3
4
5

91

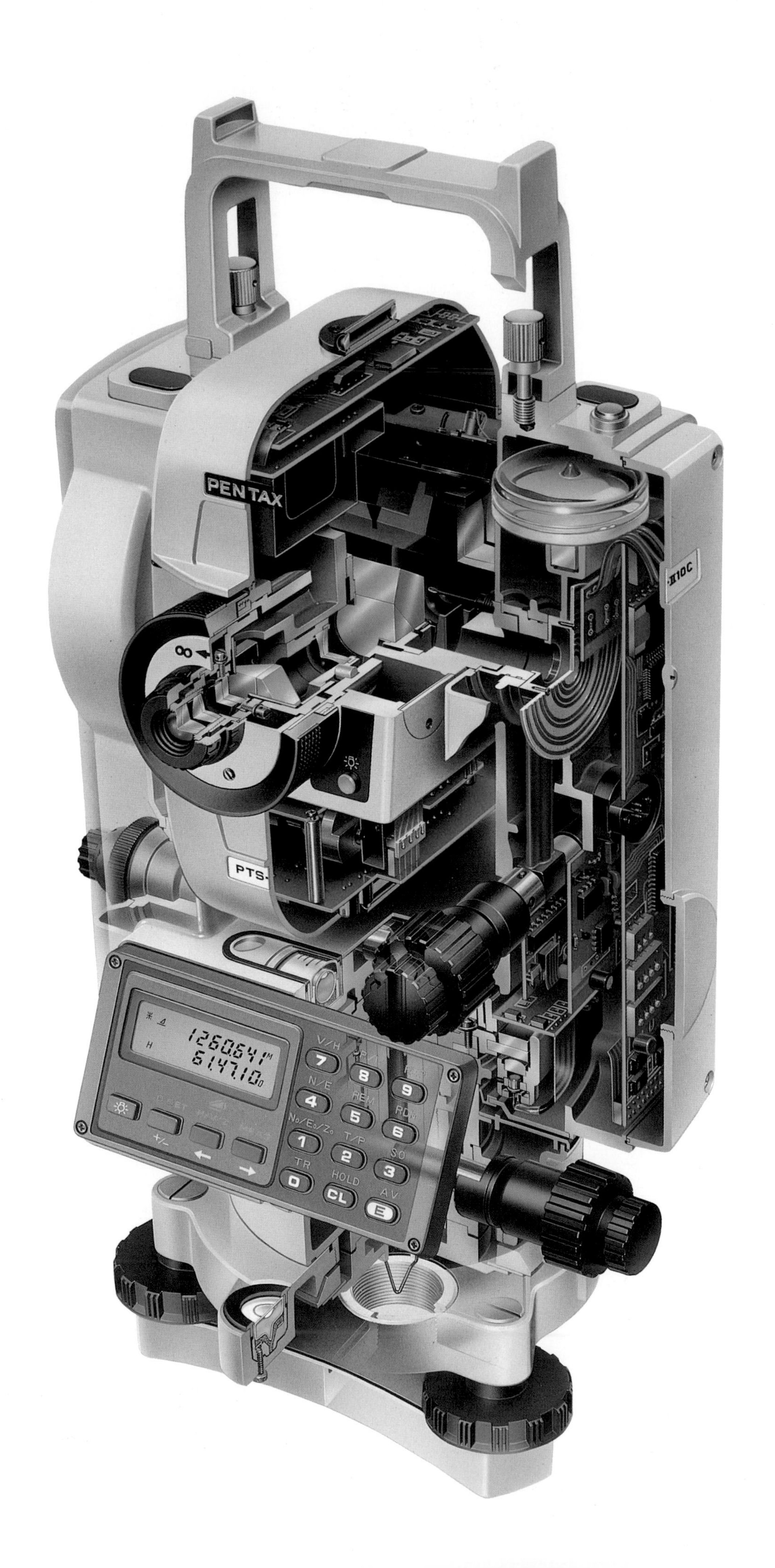
PENTAX
PTS-
V/H
N/E
REM
RDM
No/Eo/Zo
T/P
SO
TR
HOLD
AV
CL
E
7
8
9
4
5
6
1
2
3
0

HITACHI
セルフタイマー
VHS C HQ
MASTACS
MOVIE
INTEGRATED CAMERA/RECORDER VM-C30
ZOOMLENS
AF×6 11.5~69mm

93

P
20
ZOOM
PROGRAM

94

OLYMPUS
OLYMPUS
AUTO-ZOOM

JVC

JVC
STEREO CASSETTE DECK
MEMORY
PLAY
OFF
EJECT
REC PLAY
TIMER
STANDBY
OFF
ON
POWER
REW
FF
PLAY
STOP
REC
PAUSE

JVC
AM/FM RADIO TELEVISION
FM 88 · 92 · 96 · 100 · 104 · 108 MHz
AM 54 60 70 80 100 120 140 160
VHF
UHF
RADIO TUNING
EAR
VOLUME
JVC

JVC
VHS
PAUSE
AUDIO DUB
REC
REW
STOP
PLAY
FF
EJECT
COUNTER
SEARCH
SELECT
TIMER SET
TIME ADJ
HOUR MIN
STAND BY
1
2
3
4
5
6
7
8

99

VHS
Insert this side into recorder
Do not touch the tape inside
THIS SIDE IN
E-180
JVC
VHS
VIDEO CASSETTE

100

ceramic
micom power control
POWER CONTROL
SANYO

101

Shachihata X stamper
MULTI
STAMPER
SECRET
FILE

102

N9 95
NORDICA

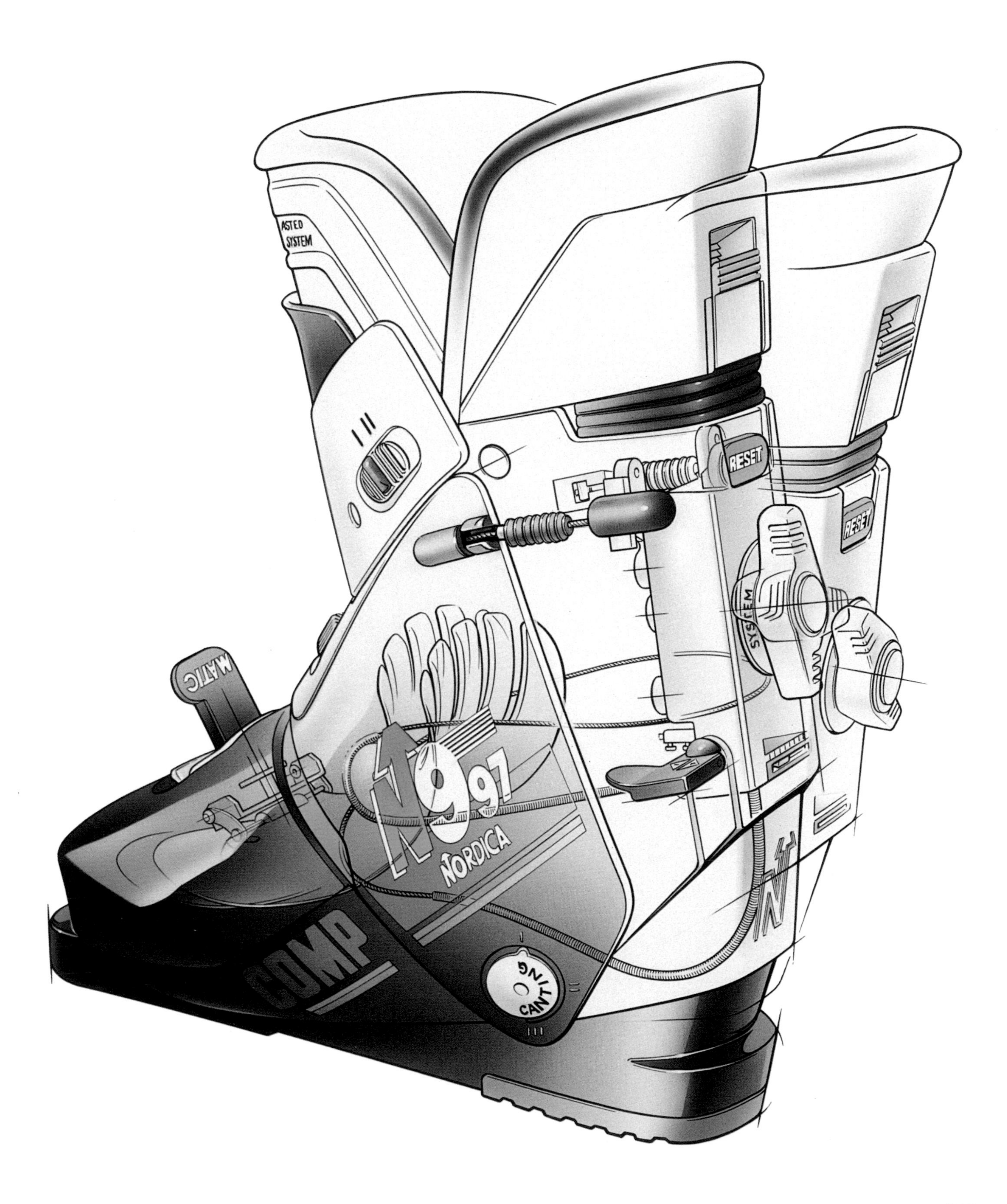
ASTED
SYSTEM
RESET
RESET
SYSTEM
MATIC
N97
NORDICA
COMP
CANTING

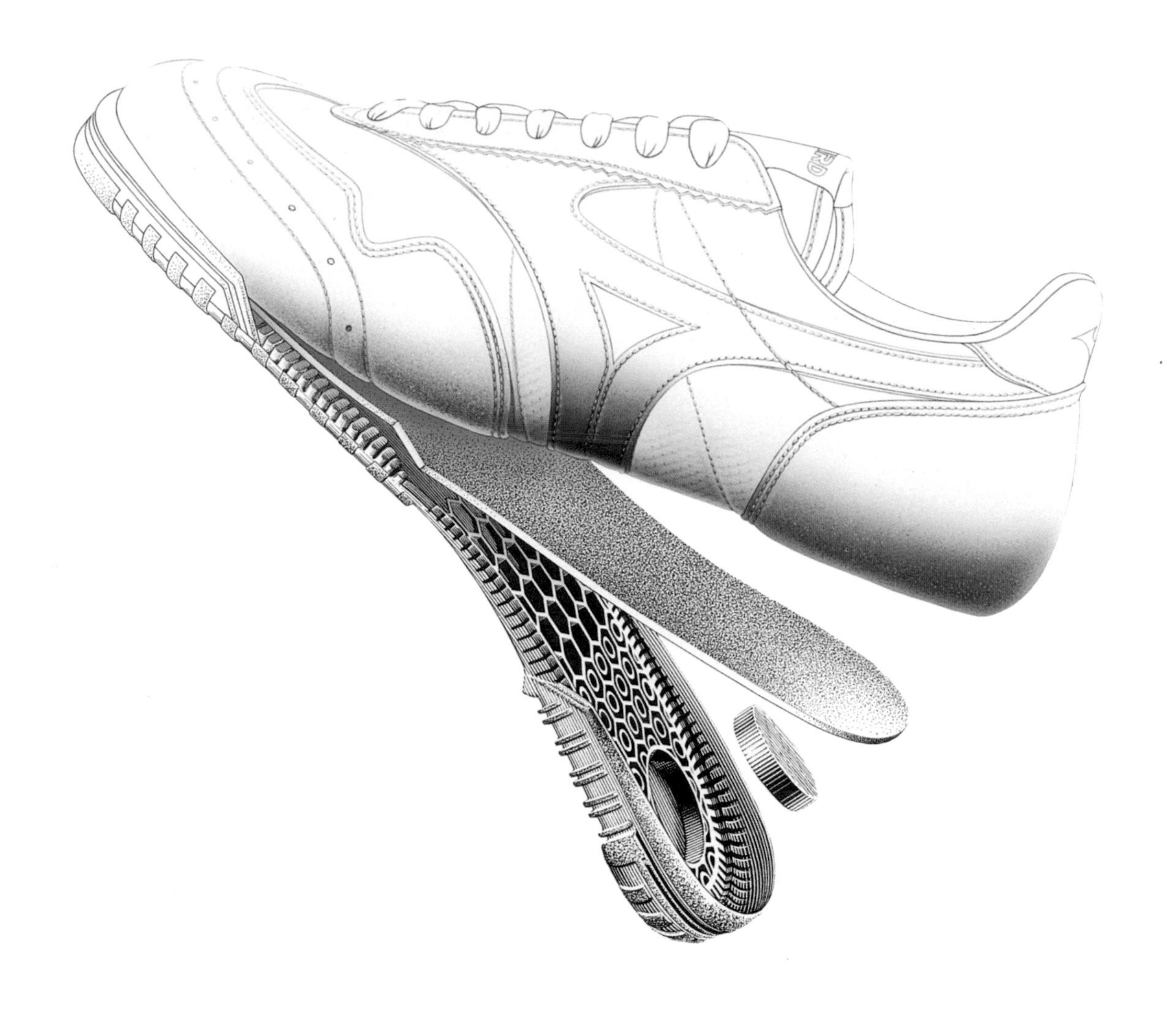

105

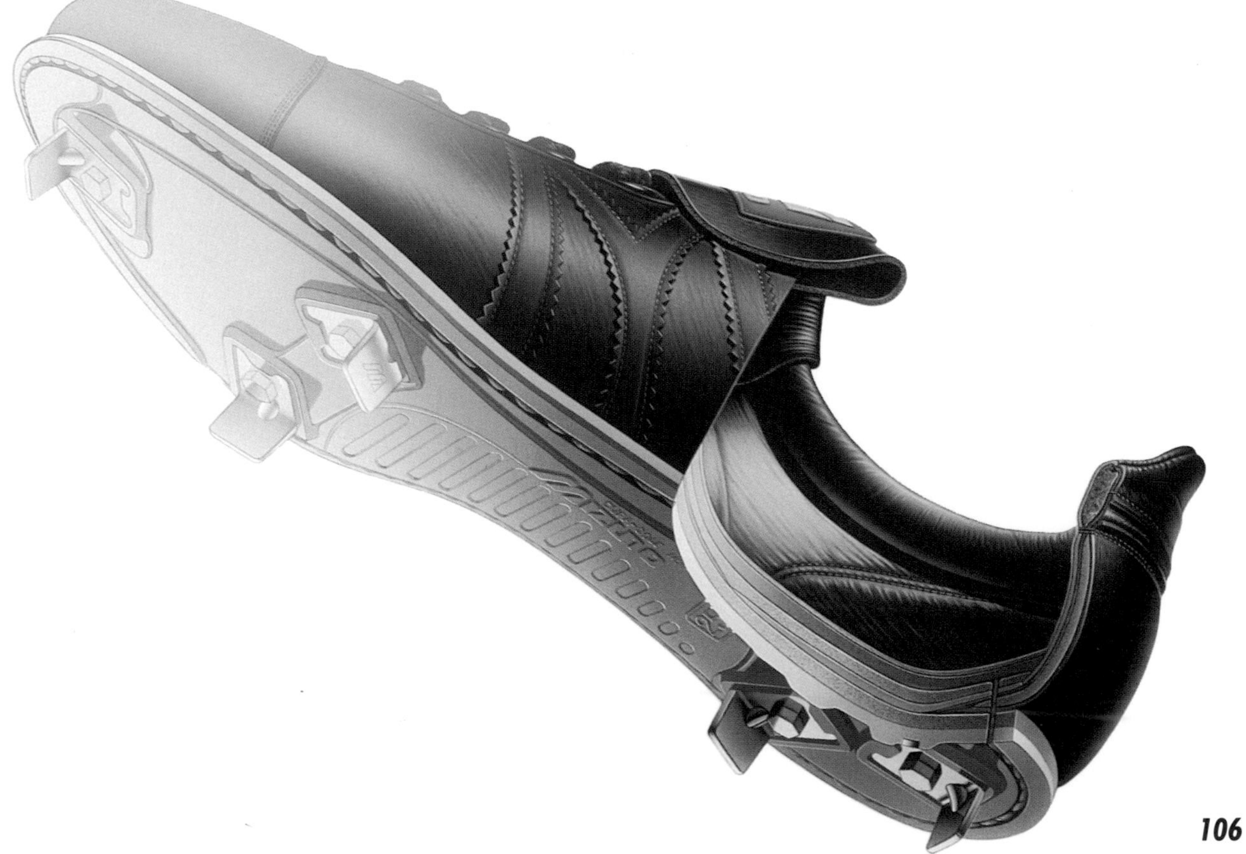

106

品リスト ILLUSTRATION LIST

号	作者名 ARTIST	題名 TITLE	制作	サイズmm SIZE	用材 MATERIAL	目的 PURPOSE
	大内 誠 MAKOTO OUCHI	ロボットのおうむ PARROT ROBOT	'89	600×500	GU CLB	ロボット科学館 ポスター POSTER
	寿福隆志 TAKASHI JUFUKU	マツダ767レーシングカー MAZDA 767 RACING CAR	'88	728×514	GU LQ	オートスポーツ 雑誌口絵 MAGAZINE FRONTISPIECE
	寿福隆志 TAKASHI JUFUKU	ウイリアムホンダF1－W10 WILLIAM HONDA F1-W10	'87	728×514	GU LQ	オートスポーツ 雑誌口絵 MAGAZINE FRONTISPIECE
	寿福隆志 TAKASHI JUFUKU	マツダMX04 MAZDA MX04	'87	728×514	GU LQ	モーターファン 雑誌口絵 MAGAZINE FRONTISPIECE
	寿福隆志 TAKASHI JUFUKU	ニッサン プリメーラX NISSAN PRIMALA X	'89	728×514	GU LQ	日産自動車 カタログ CATALOGUE
	寿福隆志 TAKASHI JUFUKU	ダイハツ TA-X80 DAIHATSU TA-X80	'89	728×514	GU LQ	モーターファン 雑誌口絵 MAGAZINE FRONTISPIECE
	寿福隆志 TAKASHI JUFUKU	マーチ85J ヤマハOX66 MARCH 85J YAMAHA OX66	'85	728×514	RT ST WT	オートスポーツ MAGAZINE ILLUSTRATION
	中島 秀 HIDE NAKAJIMA	ミツビシ MSRII MITSUBISHI MSR II	'87	728×514	LQ	カタログ CATALOGUE
	初谷秀雄 HIDEO HATSUGAI	ダットサン フェアレディ 240Z DATSUN FAIRLADY	'75	728×514	PN KET	ポスター POSTER
	川上恭弘 YASUHIRO KAWAKAMI	トヨタクラウン 3000 TOYOTA CROWN 3000	'85	728×514	AC	トヨタ自動車 カタログ CATALOGUE
	中島 秀 HIDE NAKAJIMA	トヨタランドクルーザー TOYOTA LAND CRUISER	'87	728×514	LQ KET	三菱自動車 ポスター カタログ POSTER CATALOGUE
	細川武志 TAKESHI HOSOKAWA	マツダRX7 MAZDA RX7	'89	728×514	LQ KET	マツダ自動車 カタログ CATALOGUE
	細川武志 TAKESHI HOSOKAWA	フォードレーザー FORD LASER	'86	728×514	LQ KET	カタログ CATALOGUE
	細川武志 TAKESHI HOSOKAWA	フォードレーザー FORD LASER	'86	728×514	LQ KET	カタログ CATALOGUE
	中島 秀 HIDE NAKAJIMA	ミラージュ サイボーグ MIRAGE CYBORG	'87	728×514	LQ	三菱自動車 カタログ CATALOGUE
	大内 誠 MAKOTO OUCHI	三菱ギャラン MITSUBISHI GALANT	'88	600×300	GU	三菱自動車 ポスター POSTER
	初谷秀雄 HIDEO HATSUGAYA	三菱ランサー MITSUBISHI LANCER	'80	728×514	GU WC	三菱自動車カタログ ポスター CATALOGUE POSTER
	大内 誠 MAKOTO OUCHI	フォードレーザー FORD LASER	'86	728×514	LQ KET	カタログ CATALOGUE
	重 治 OSAMU KASANE	スカイライン2000GTR エンジン SKYLINE ENGINE		515×365	AC	ディスプレイ DIS PLAY
	川上恭弘 YASUHIRO KAWAKAMI	トヨタ V6 フォカム24バルブエンジン TOYOTA V6 ENGINE	'87	728×514	AC	トヨタ自動車 カタログ CATALOGUE
	大内 誠 MAKOTO OUCHI	三菱ディアマンテ エンジン MITSUBISHI ENGINE	'90	600×450	GU	住友エージェンシー カタログ CATALOGUE
	川上恭弘 YASUHIRO KAWAKAMI	ターボエンジン TURBO ENGINE	'90	364×257	AC	ダイハツ工業 カタログ CATALOGUE
	川上恭弘 YASUHIRO KAWAKAMI	1800cc ハイメカツインカムエンジン TWIN CAM ENGINE	'87	596×420	AC	トヨタ自動車 カタログ CATALOGUE
	大内 誠 MAKOTO ÔUCHI	スバル H6 エンジン SUBARU H6 ENGINE	'88	500×400	GU	富士重工 ポスター POSTER
	大内 誠 MAKOTO ÔUCHI	スバル 4AT SUBARU 4AT	'88	600×330	GU	富士重工 ポスター POSTER
	嶋岡五郎 GORO SHIMAOKA	ジーゼルエンジン DIESEL ENGINE	'77	257×364	LQ KET	日産ディーゼル ポスター パンフレット POSTER
	重 治 OSAMU KASANE	ホンダST1100エンジン HONDA ENGINE	'89	728×514	AC	本多技研 カタログ CATALOGUE POSTER
	細川武志 TAKESHI HOSOKAWA	ユーノスコスモ EUNOS COSMO	'90	728×514	LQ KET	カタログ／ポスター CATALOGUE POSTER
	細川武志 TAKESHI HOSOKAWA	マツダB2600 4WD MAZDA B2600 4WD	'86	728×514	LQ KET	マツダ自動車 カタログ／ポスター CATALOGUE POSTER
	川上恭弘 YASUHIRO KAWAKAMI	トヨタクラウンローヤルサロン TOYOTA CROWN ROYAL SALOON	'86	596×420	AC	トヨタ自動車 カタログ CATALOGUE
	川上恭弘 YASUHIRO KAWAKAMI	トヨタソアラ シャーシー TOYOTA SOARA	'86	596×420	AC	トヨタ自動車 カタログ CATALOGUE
	川上恭弘 YASUHIRO KAWAKAMI	フロント サスペンション FRONT SUSPENSION	'85	514×364	AC	トヨタ自動車 カタログ CATALOGUE

番号 NO.	作者名 ARTIST	題名 TITLE	制作	サイズmm SIZE	用材 MATERIAL	目的 PURPOSE
33	川上恭弘 YASUHIRO KAWAKAMI	リヤ サスペンション REAR SUSPENSION	'85	514×364	AC	トヨタ自動車 カタログ CATALOGUE
34	川上恭弘 YASUHIRO KAWAKAMI	フロント サスペンション FRONT SUSPENSION	'87	514×364	AC	トヨタ自動車 カタログ CATALOGUE
35	川上恭弘 YASUHIRO KAWAKAMI	リヤ サスペンション REAR SUSPENSION	'87	514×364	AC	トヨタ自動車 カタログ CATALOGUE
36	斎藤雅緒 MASAO SAITO	タイヤ TIRE	'80	530×455	AC CAV	カタログ表紙 CATALOGUE COVER
37	斎藤雅緒 MASAO SAITO	バックミラー BACK MIRROR	'83	530×455	AC CAV	カタログ表紙 CATALOGUE COVER
38	本間公俊 KIMITOSHI HONMA	カスタムカー CUSTOM CAR	'87	442×433	Ac	芸文社 雑誌表紙 MAGAZINE COVER
39	本間公俊 KIMITOSHI HONMA	カスタムカー CUSTOM CAR	'87	354×420	AC	芸文社 雑誌表紙 MAGAZINE COVER
40	野口佐武郎 SABURO NOGUCHI	デュセンバーグモデル－J－1928 DUSEN- BERG MODEL-J-1928		514×364	PC	画集 COLLECTION OF WORKS
41	野口佐武郎 SABURO NOGUCHI	ロールスロイスファントム1-1929 ROLLS ROYCE PHANTOM		514×364	PC	画集 COLLECTION OF WORKS
42	細川武志 TAKESHI HOSOKAWA	フェラーリ 250GTO FERRARI 250GTO	'81	728×514	LQ KET	カーグラフィック 雑誌口絵 MAGAZINE FRONTISPIECE
43	細川武志 TAKESHI HOSOKAWA	デュセンバーグ SSJ DUSENBERG SSJ	'80	728×514	LQ KET	メンズクラブ 雑誌口絵 MAGAZINE FRONTISPIECE
44	野口佐武郎 SABURO NOGUCHI	クラシックMG THE CLASSIC MG	'80	514×384	PC	画集 COLLECTION OF WORKS
45	野口佐武郎 SABURO NOGUCHI	ビドル 1915 BIDDLE 1915		514×384	PC	画集 COLLECTION OF WORKS
46	野口佐武郎 SABURO NOGUCHI	ロールスロイス ROLLS ROYCE		514×364	PC	画集 COLLECTION OF WORKS
47	野口佐武郎 SABURO NOGUCHI	ブガッティ 1933 BUGATTI 1933		514×364	PC	画集 COLLECTION OF WORKS
48	小玉英彰 HIDEAKI KODAMA	アイビス ALVIS	'82	450×450	AC CI GU	オリジナル ORIGINAL
49	小玉英彰 HIDEAKI KODAMA	ブガッティー BUGATTI	'83	350×500	AC CI GU	ポータルポスター (USA) POSTER
50	小玉英彰 HIDEAKI KODAMA	アルファロメオ ALFA ROMEO	'84	390×420	AC CI GU	雑誌口絵 MAGAZINE FRONTISPIECE
51	小玉英彰 HIDEAKI KODAMA	アルファロメオ ALFA ROMEO	'86	460×650	AC CI GU	西ドイツ フォード カレンダー CALENDER
52	小玉英彰 HIDEAKI KODAMA	ハーレイダビットソン HARLEY DAVIDSON	'86	728×515	AC CI GU	オリジナル ORIGINAL
53	小玉英彰 HIDEAKI KODAMA	バイクエンジン MOTORCYCLE ENGINE	'80	1030×1556	AC CI GU	オリジナル ORIGINAL
54	重 治 OSAMU KASANE	ホンダST 1100 HONDA ST 1100	'89	645×773	AC	本田技研 カタログ CATALOGUE
55	重 治 OSAMU KASANE	ホンダVFR 750 HONDA VFR 750	'88	728×514	AC	本田技研 カタログ CATALOGUE
56	中島 秀 HIDE NAKAJIMA	スズキバギー SUZUKI BUGGY	'85	728×514	LQ	ポスター POSTER
57	大内 誠 MAKOTO ÔUCHI	ヤマハ4×4 YAMAHA BIG BEAR	'88	550×400	GU	ヤマハ発動機 ポスター POSTER
58	本間公俊 KIMITOSHI HONMA	ホンダRS 1000 HONDA RS 1000	'82	316×490	AC ILB	モーターマガジン社 雑誌口絵 MAGAZINE FRONTISPIECE
59	本間公俊 KIMITOSHI HONMA	ヤマハYZR 500 YAMAHA YZR500	'88	341×490	AC ILB	角川書店 雑誌口絵 MAGAZINE FRONTISPIECE
60	川上恭弘 YASUHIRO KAWAKAMI	ヤマハSRX-6 YAMAHA SRX-6	'86	728×514	AC	田宮模型 パッケージ PACKAGE
61	川上恭弘 YASUHIRO KAWAKAMI	カワサキGPZ 400R KAWASAKI GPZ 400R	'85	728×514	AC	田宮模型 パッケージ PACKAGE
62	本間公俊 KIMITOSHI HONMA	デュカティ 750SS デスモ DUCATI 750SS DESMO	'77	271×479	BP KET	モーターマガジン社 雑誌口絵 MAGAZINE FRONTISPIECE
63	本間公俊 KIMITOSHI HONMA	カワサキ H2－R KAWASAKI H2-R	'77	278×466	BP KET	モーターマガジン社 雑誌口絵 MAGAZINE FRONTISPIECE
64	本間公俊 KIMITOSHI HONMA	カワサキ KR1000 KAWASAKI KR1000	'88	396×560	AC ILB	モーターマガジン社 カレンダー CALENDER

ACRILC. LQ=LIQUTEX PC=POSTER C. WC=WATER C. OC=OILC. CI=C.INK BI=BLACK INK
PENCIL PN=PEN BR=BRUSH AB=AIR BLASS RT=ROTTRING PA=PASTEL GU=GOUACHE
LLUSTRATION BOARD

番号 NO.	作者名 ARTIST	題名 TITLE	制作	サイズmm SIZE	用材 MATERIAL	目的 PURPOSE
65	本間公俊 KIMITOSHI HONMA	ヨシムラスズキ GS1000R	'87	361×563	AC ILB	角川書店 雑誌口絵 MAGAZINE FRONTISPIECE
66	細川武志 TAKESHI HOSOKAWA	バルチモアアンドオハイオ鉄道EM-1 B&O RAIL WAY	'85	728×514	LQ KET	展覧会用 WORKS OF A ONE-PERSON EXHIBITION
67	細川武志 TAKESHI HOSOKAWA	ビッグボーイ BIG BOY	'79	728×514	LQ KET	メンズクラブ雑誌口絵 MAGAZINE FRONTISPIECE
68	細川武志 TAKESHI HOSOKAWA	リオグランデ鉄道 RIO GRANDE RAILWAY	'80	728×514	LQ KET	メンズクラブ雑誌口絵 MAGAZINE FRONTISPIECE
69	野上隼夫 HAYAO NOGAMI	ロイヤルプリンセス ROYAL PRINCESS	'87	728×514	AC WC	小学館 百科辞典口絵 BOOK FRONTISPIECE
70	嶋岡五郎 GORO SHIMAOKA	マリンウェーブ号 THE MARINE WAVE	'85	1028×728	LQ AX KET	東レ ポスター パンフレット POSTER PAMPHLET
71	野上隼夫 HAYATO NOGAMI	タンカー TANKER	'89	514×364	AC WC	日本郵船 パンフレット PAMPHLET
72	細川武志 TAKESHI HOSOKAWA	ユンカース G38 JUNKERS-G38	'83	514×364	LQ KET	日本航空 機内誌 機内誌口絵 MAGAZINE FRONTISPIECE
73	細川武志 TAKESHI HOSOKAWA	タイガーモス TIGER MOTH	'84	728×514	LQ KET	メンズクラブ雑誌口絵 MAGAZINE FRONTISPIECE
74	野上隼夫 HAYATO NOGAMI	エアシップ AIR SHIP	'87	238×174	AC WC	新潮社 ララダの秘宝を探せ(文庫)表紙 BOOK COVER
75	細川武志 TAKESHI HOSOKAWA	フォードトライモーター FORD TRIMOTOR	'84	514×364	LQ KET	メンズクラブ 雑誌口絵 MAGAZINE FRONTISPIECE
76	嶋岡五郎 GORO SHIMAOKA	ジャンボジェット JUMBO JET	'83	514×364	LQ AX KET	学習子供百科挿絵 BOOK ILLUSTRATION
77	嶋岡五郎 GORO SHIMAOKA	東京都ニューヨーク区 NEW YORK IN TOKYO	'82	1028×728	LQ AX KET	ノースウエストオリエント航空 ポスター POSTER
78	嶋岡五郎 GORO SHIMAOKA	スペースシャトル SPACE SHUTTLE	'80	514×364	LQ KET	CBSソニー出版 ムック挿絵ポスター POSTER ILLUSTRATION
79	嶋岡五郎 GORO SHIMAOKA	ニューヨーク直行便 NON-STOP FLIGHT TO NEW YORK	'83	1028×728	LQ KET	広告 ADVERTISEMENT
80	中島 秀 HIDE NAKAJIMA	通信衛星 COMMUNICATION SATELLITE	'89	514×364	LQ	教育社 雑誌口絵 MAGAZINE FRONTISPIECE
81	斎藤雅緒 MASAO SAITO	バイオテクノロジー BIOTECHNOLOGY	'84	530×455	AC CAV	雑誌表紙 MAGAZINE COVER
82	斎藤雅緒 MASAO SAITO	活字からコンピューターへ COMPUTER	'86	420×600	AC CLB	新聞 NEWS PAPER
83	斎藤雅緒 MASAO SAITO	コンピューターチップ COMPUTER CHIP	'84	455×530	AC CAV	雑誌表紙 MAGAZINE COVER
84	嶋岡五郎 GORO SHIMAOKA	トーンアーム TONE ARM	'82	514×364	LQ AX KET	日本ビクター カタログ CATALOGUE
85	嶋岡五郎 GORO SHIMAOKA	トーンアーム TONE ARM	'80	514×364	LQ KET	日本ビクター カタログ CATALOGUE
86	嶋岡五郎 GORO SHIMAOKA	レーザーディスクプレーヤー LASER DISC PLAYER	'82	514×364	LQ AX KET	教育社 雑誌挿絵 MAGAZINE ILLUSTRATION
87	嶋岡五郎 GORO SHIMAOKA	アンプ AMPLIFIER	'80	514×364	LQ AX KET	日本ビクター カタログ CATALOGUE
88	嶋岡五郎 GORO SHIMAOKA	アンプ AMPLIFIER	'79	514×364	LQ AX KET	日本ビクター カタログ CATALOGUE
89	嶋岡五郎 GORO SHIMAOKA	CDプレーヤー CD PLAYER	'83	514×364	LQ AX KET	日本ビクター カタログ CATALOGUE
90	嶋岡五郎 GORO SHIMAOKA	レコードプレーヤー RECORD PLAYER	'78	596×420	LQ KET	日本ビクター 雑誌広告 カタログ MAGAZINE CATALOGUE ADVERTISEMENT
91	嶋岡五郎 GORO SHIMAOKA	AM/FMチューナー AM/FM TUNER	'80	514×364	LQ AX KET	日本ビクター 雑誌広告 カタログ MAGAZINE CATALOGUE ADVERTISEMENT
92	中島 秀 HIDE NAKAJIMA	精密測定器 MEASURING INSTRUMENT	'88	728×514	LQ	ポスター POSTER
93	中島 秀 HIDE NAKAJIMA	日立ビデオ HITACHI VIDEO	'87	514×364	LQ	カタログ CATALOGUE
94	川上恭弘 YASUHIRO KAWAKAMI	チノンカメラ CHINON CAMERA	'90	596×420	AC	チノン カタログ CATALOGUE
95	嶋岡五郎 GORO SHIMAOKA	オリンパスOMシステム OLYMPUS OM SYSTEM	'80	728×514	LQ AX KET	オリンパス光学 カタログ ポスター POSTER
96	嶋岡五郎 GORO SHIMAOKA	ビデオカメラ VIDEO CAMERA	'79	514×364	LQ KET	雑誌広告 カタログ MAGAZINE ADVERTISEMENT CATALOGUE
97	嶋岡五郎 GORO SHIMAOKA	カセットデッキ CASSETTE DECK	'79	514×364	LQ KET	雑誌広告 カタログ MAGAZINE ADVERTMENT CATALOGUE
98	嶋岡五郎 GORO SHIMAOKA	ポータブルテレビラジオ PORTABLE TELEVISION RADIO	'79	514×364	LQ KET	雑誌広告 カタログ MAGAZINE ADVERTMENT CATALOGUE
99	嶋岡五郎 GORO SHIMAOKA	ビデオデッキ VIDEO DECK	'78	420×596	LQ KET	雑誌広告 カタログ MAGAZINE ADVERTMENT CATALOGUE
100	初谷秀雄 HIDEO HATSUGAI	ビデオカセット JVC VIDEO CASETTE	'80	514×364	GU	ポスター カタログ POSTER CATALOGUE
101	中島 秀 HIDE NAKAJIMA	サンヨーシェーバー SANYO RAZOR	'89	728×514	LQ	サンヨー ポスター POSTER
102	重 治 OSAMU KASANE	スタンプ STAMP	'89	365×516	AC	シャチハタ カタログ CATALOGUE
103	中島 秀 HIDE NAKAJIMA	スキー靴 SKI SHOESE	'87	728×514	LQ	ノルディカ カタログ CATALOGUE
104	中島 秀 HIDE NAKAJIMA	スキー靴 SKI SHOES	'87	728×514	LQ	ノルディカ カタログ CATALOGUE
105	織田憲嗣 NORITSUGU ODA	スポーツシューズI SPORTS SHOES I	'84	514×364	LQ	広告 パンフレット ADVERTISEMENT
106	織田憲嗣 NORITSUGU ODA	スポーツシューズII SPORTS SHOES II	'85	514×364	LQ	広告 ポスター ADVERTISEMENT POSTER

AC=ACRILC. LQ=LIQUTEX PC=POSTER C. WC=WATER C. OC=OILC. CI=C.INK BI=BLACK INK
PE=PENCIL PN=PEN BR=BRUSH AB=AIR BLASS RT=ROTTRING PA=PASTEL GU=GOUACHE

大内 誠
MAKOTO
OUCHI

〒154 世田谷区世田谷4-6-10
(有)クリエィティブ・アソシエイツ
Cleative Associates, 4-6-10,
Setagaya, Setagaya-ku
03-3428-8741

1, 16, 18, 21, 24, 25, 57

1949年茨城県水戸市生まれ。生まれながらの車好き。そのまま41年生きています。1978年より1年半，ドイツ在住のテクニカルイラストレーター，H・シュレンツィッヒ氏に師事。車中心の仕事が全んどです。主なクライアントはヤマハ発動機，富士重工業，三菱自動車，東谷広報事務所等。

織田憲嗣
NORITSUGU
ODA

〒530 大阪市北区西天満2-8-1 大江ビル511 織田イラストレーション事務所
Oda Illustration Office, Ôe bldg.511,
2-8-1, Nishi-Temma, Kita-ku,
Osaka-city
06-363-0029

105, 106

1946年高知県生まれ。大阪芸術大学デザイン学科グラフィックデザイン専攻卒業。高島屋大阪支店宣伝部をへて，1978年独立。織田イラストレーション事務所設立。日経広告賞流通部門賞，電通広告賞流通部門賞，(以上高島屋)，消費者が選ぶ広告最優秀賞他（松下電気)，新聞広告薬品部門賞（タケダ薬品)，読売新聞パテオ賞総合賞，サントリー奨励賞，京都新聞広告賞金賞（松下電気)，読売新聞メルク賞（高島屋)，神戸新聞広告賞(インテルナキタムラ)，電波新聞広告賞金賞(松下電器）など。1989年7月「日本の家」福音館書店より出版。クソリアリズム展，ニューリアリズム展（以上今橋画廊)，現代のイラストレーション展(阪急百貨店)，上方絵師属，関西のイラストレーター展（ロサンゼルス)，同協会展（阪急百貨店)，ソサィエティ・オブ・イラストレーション展(ニューヨーク)，日本のイラストレーター展（東京・パルコ)，ジャパンスタイル展（ロンドン ビクトリア&アルバートミュージアム）などに出品。

川上恭弘
YASUHIRO
KAWAKAMI

〒101 千代田区九段南4-6-1-502
4-6-1-502, Kudan-Minami,
Chiyoda-ku
03-3261-6932

10, 20, 22, 23, 30, 31, 32, 33, 34, 35, 60, 61, 94

1940年東京生まれ。都立工芸高等学校卒業後，幅一夫氏に師事。1964年，日本デザインセンターに嘱託を経て入社。1975年同社退職，T.I.D.設立。現在の仕事は，クルマを始め，電気製品，カメラ業界の広告が中心。

小玉英章
HEDEAKI
KODAMA

〒650 神戸市中央区元町通5-4-3
5-4-3, Motomachi-Dôri, Chûo-ku,
Kobe-city
078-371-6507

48, 49, 50, 51, 52, 53,

1952年岐阜県大垣市生まれ。1974年大阪芸術大学グラフィックデザイン科卒業。1976年(株)SPOON（イラスト集団）入社。1984年(株)SPOON退社，以後フリーランスイラストレーター。

重 治
OSAMU
KASANE

〒160 新宿区西新宿4-31-3 永谷リヴュール新宿812号
Nagatani Reviewle Shinjuku 812, 4-31-3, Nishi-Shinjuku, Shinjuku-ku
03-3378-0458

19, 27, 54, 55, 102

1955年徳島県生まれ。1977～79年パリ美術大学（ボーザール）留学。1980年多摩美術大学絵画科油画専攻卒業。同年4月日本校文館入社。1984年フリーランスイラストレーターになる。

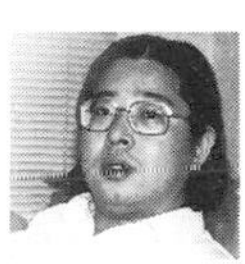

斎藤雅緒
MASAO
SAITÔ

〒213 川崎市宮前区宮崎1-6-12
ライオンズマンション宮崎台402号
Lions Mansion 402, 1-6-12 Miyazaki,
Miyamae-ku, Kawasaki-city
044-854-8484

36, 37, 81, 82, 83

1947年静岡県生まれ。グラフィッグデザイナーを経て，1968年フリーとなり現在に至る。ロンドン・インターナショナル広告賞（ファイナリスト賞）他多数受賞。1974年銀座フマギャラリー初個展以後，個展グループ展多出展。「イラストレーション・花」(グラフィック社)「フードイラストレーション」「技法ビデオⅠ・Ⅱ」(美術出版社)他に「スーパーリアルイラストレーション」「フルーツウォッチング」の作品集や技法書，共著，絵本など数十冊出版。その他宮城県美術館「オートバイ750」「ストロベリーケーキ」所蔵。朝日カルチャー特別講師や日本テレビ「美の世界」などに出演。東京イラストレーターズ・ソサエティ，東京デザイナーズ・スペース会員。

嶋岡五郎
GORÔ
SHIMAOKA

〒357-01 飯能市原市場406-1
406-1, Haraichiba, Hannô-city
0429-77-1580

26, 70, 76, 77, 78, 79, 84, 85, 86, 87, 88, 89, 90, 91, 95, 96, 97, 98, 99

1936年北九州生まれ。1955年福岡県立小倉高等学校卒業。1956年上京。グラフィックデザイナーとして，雑誌社・デパート宣伝部・デザイン会社などに勤務。1970年よりフリーとなり，博物館等展示造形グループにも関与。1975年沖縄海洋博WOSくじら館展示造形プランニング・デザインへの参加を最後に，以後，イラスト一本の生活に入り，曲折を経ながらも今日に至る。

寿福隆志
TAKASHI
JUFUKU

〒132 江戸川区二之江町1381
1381, Ninoe-chô, Edogawa-ku
03-3687-4461

2, 3, 4, 5, 6, 7

1945年鹿児島生まれ。1967～1982年自動車関係のイラストレーターや評論家を多数生みだした自動車専門誌の出版社「三栄書房」美術部に在籍。この間に数多くの透視図やメカニズムのイラストを手がける。1982年独立，フリーのイラストレーターになる。「エリプスガイド」（楕円定規の意）の名で新宿，後に銀座に仕事場をもつ。1989年8月自宅とアトリエの完成を機に仕事場を移転，有限会社エリプスガイドを設立，現在に至る。クライアントは自動車メーカー，オートバイメーカー（KAWASAKI)，自動車専門誌等。JAAA会員。

中嶋 秀
HIDE
NAKAJIMA

〒252 藤沢市亀井野410-8
410-8, Kameino, Fujusawa-city
0466-82-9638

8, 11, 15, 56, 80, 92, 93, 101, 103, 104

1950年高知市生まれ。明治大学商学部卒業。学生時代より矢野富士嶺氏に師事。1979年フリーなる。1987年テクニカル・イラストグループCreative Associatesに参加。1988年Illustration Studio「STAFF」設立。

野上隼夫
HAYAO
NOGAMI

〒192 八王子市北野台2-29-14
2-29-14, Kitanodai, Hachiôji-city
0426-37-7686

69, 71, 74

1931年茨城県日立市生まれ。1949年岡山二高（現操山高）卒業。日立造船造船設計部勤務。1969年日立造船退社，フリーとなる。1983年銀座アートホールに於いて個展開催。「野上隼夫艦船画集」出版。

野口佐武郎
SABURO
NOGUCHI

〒158 世田谷区等々力4-3-3
4-3-3, Todoroki, Setagaya-ku
03-3704-7222

40, 41, 44, 45, 46, 47

1921年満州奉天生まれ。1944年多摩美術大学デザイン科卒業。1945年終戦一復員。1950年ブリヂストン宣伝業務。1960年日野自動車販売イラストレーターとして専属契約。1964年車のイラストレーション研究のためデトロイト渡航。JAMES JACKSONのアトリエでJACK MILLS, DEL NICHOLS等とGMのイラストレーション業務に就く。MARK ENGLISH他アメリカの一流イラストレーター達の制作活動に接し，日米のレベル格差に衝撃をうける。1977年日本自動車美術家教会JAAAに参加。1985年STUDIO of ILLUSTRATOR主宰。日本の若いイラストレーターにデトロイトでの方式を用いてプロイラストレーター養成，教育を開始する。1987年JAAA協会会員を辞退。1988年STUDIO of ARTISTSを設立。MARK ENGLISH, WILSON McLEAN, DAVID GROVE, DANIEL SCHWARZ, KAZUHIKO SANO, CHARLES SCHRIDDE, FORD RUTHLING等米国一流作家達と契約，エージェント業務開始。ギャラリーを新設して日本では見る事ができなかった彼らのオリジナル作品を数多く日本に招集する事ができるようになり，日本の若い作家達には大きな刺激になると思います。敵を知らずでは戦を挑む事も出来ません。

初谷秀雄 HIDEO HATSUGAI
〒166 杉並区高円寺北4-5-3
4-5-3, Koenji-Kita, Suginami-ku
03-3338-1959

9, 17, 100

1947年栃木県足利市生まれ。43歳。幼い頃より想像し画仕事が好きでカーデザインを志していました。16才上京。25才フリーのイラストレーターとして独立。29才ドイツフォルクスワーゲン社へ行く。32才JAAA発足に会員にさせていただく。現在に至る。

細川武志 TAKESHI HOSOKAWA
〒187 小平市小川町1-969-18
1-969-18, Ogawa-chô, Kodaira-city
0423-43-3757

12, 13, 14, 28, 29, 42, 43, 66, 67, 68, 72, 73, 75

昭和18年広島県呉市生まれ。昭和36年広島県呉宮原高校卒業。昭和45年Car雑誌「モーターファン」美術部退社後フリー。

本間公俊 KIMITOSHI HONMA
〒167 東村山市萩山1-7-9
1-7-9, Hagiyama, Higashi-Murayama-city
0423-41-8049

38, 39, 58, 59, 62, 63, 64, 65,

1952年北海道小樽市生まれ。1973年よりイラストレーターとしての活動を始める。雑誌・書籍・広告等にモーターサイクルや自動車などのメカニズムのほか，人物・風景など対象に制約をうけない多様な作品の発表をつづけている。

MECHANICAL ILLUSTRATIONS

First published in Japan in 1991 by Atsushi Oshita.
Bijutsu Shuppan-sha Co.,Ltd. Tokyo.
Edited by TACHINUI planning inc.
Printed in Japan.
ISBN4-568-79007-7 C3071